教育部人文社会科学研究青年基金项目
"一带一路"倡议下我国境外经贸合作区的载体功能、集聚效应及可持续发展研究
（项目编号：19YJCGJW011）

蔡培培　汪占熬◎著

贸易边际、出口国内增加值对工资溢价影响研究

The Impact of Trade Margins and Export Domestic Value–added on Wage Premium

中国财经出版传媒集团

经济科学出版社
Economic Science Press

图书在版编目（CIP）数据

贸易边际、出口国内增加值对工资溢价影响研究／蔡培培，汪占熬著 . —北京：经济科学出版社，2021. 11

ISBN 978 – 7 – 5218 – 3104 – 7

Ⅰ. ①贸…　Ⅱ. ①蔡…②汪…　Ⅲ. ①国际贸易 – 影响 – 工资 – 研究 – 中国②出口贸易 – 影响 – 工资 – 研究 – 中国　Ⅳ. ①F249. 24

中国版本图书馆 CIP 数据核字（2021）第 248636 号

责任编辑：杜　鹏　胡真子
责任校对：靳玉环
责任印制：邱　天

贸易边际、出口国内增加值对工资溢价影响研究
蔡培培　汪占熬　著
经济科学出版社出版、发行　新华书店经销
社址：北京市海淀区阜成路甲 28 号　邮编：100142
编辑部电话：010 – 88191441　发行部电话：010 – 88191522
网址：www. esp. com. cn
电子邮箱：esp_bj@ 163. com
天猫网店：经济科学出版社旗舰店
网址：http://jjkxcbs. tmall. com
固安华明印业有限公司印装
710 × 1000　16 开　11. 5 印张　160000 字
2021 年 11 月第 1 版　2021 年 11 月第 1 次印刷
ISBN 978 – 7 – 5218 – 3104 – 7　定价：59. 00 元
（图书出现印装问题，本社负责调换。电话：010 – 88191510）
（版权所有　侵权必究　打击盗版　举报热线：010 – 88191661
QQ：2242791300　营销中心电话：010 – 88191537
电子邮箱：dbts@ esp. com. cn）

目　　录

第一章

导　　论

第一节　研究背景与研究意义

一、研究背景

（一）世界第一出口大国之"困境"

改革开放以来，中国经济经历了跳跃式的发展，其增长速度远远超出人们的预期。尽管中国巨大的国内市场是保持经济持续增长的重要动力来源，但不可否认，全球经济一体化也为中国经济的快速发展提供了机遇。在过去的 40 多年里，中国凭借巨大的劳动力优势和丰富的资源禀赋一举成为"世界工厂"。近年来，中国出口增长迅速，"中国制造"在全球的市场份额不断攀升，中国出口额占世界出口额的比重由 1980 年的 0.9% 快速攀升到 2018 年的 12.8%[①]。在 20 世纪 90 年代，中国的出口（13.56%）以年均高于世界总出口（5.64%）2 倍多的速度增长，而进入 21 世纪以后，中国的出口仍以惊人的速度（13.63%）迅猛增长[②]。与此同时，中国的出口总额占国内生产总值的比重也在逐年递增。由图 1 - 1 可见，中国的出口总额和进口总额总体上保持了逐年上升的态势。2009 年中国出口总额虽同

---

① 数据来源：《中国贸易外经统计年鉴 2019》。
② 数据来源：根据《中国贸易外经统计年鉴 2019》数据计算得到。

比下降16%，但中国仍成为世界第一大出口国，出口依然是拉动中国经济发展的"三驾马车"之一，中国在全球贸易中的地位也不断提升。同时，中国出口总额占GDP的比重自2000年开始逐年递增，在2006年达到最高值35.36%，随后开始下滑，近几年一直稳定在15%～20%。而中国出口总额占世界出口总额的比重逐年稳步上升，2009年中国成为第一大出口国后一直保持出口领先地位。近几年，中国出口总额占世界出口总额的比重一直稳定在10%～12%。由此可见，在当前全球经济放缓、国际市场需求萎缩的背景下，中国出口贸易依然保持了良好的发展态势。这些数据也表明，中国已经较好地融入全球经济一体化进程，并在其中扮演越来越重要的角色。然而，在对外贸易飞速发展的同时，中国的出口贸易也面临一系列的困难与挑战，具体表现为以下两个方面。

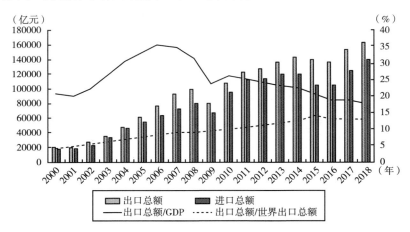

图1-1　2000～2018年中国进出口贸易

资料来源：国家统计局网站和《中国贸易外经统计年鉴2019》。

1. 出口结构不合理，出口国内附加值低

作为世界贸易第一出口大国，中国也频频遭遇各种贸易壁垒，成为贸易壁垒重灾区。中国巨额的贸易顺差备受其他国家指责。而这些指责都直指一个核心问题：中国究竟从出口中获取了多少利益？是否真如美国等西方国家某些学者所宣传的那样，中国是当今世界贸易格局中"最大"的受益者？从经典的iPhone手机案例来看，中国出口一台iPhone手机实际获得的增加值收益仅占产品总价值的2.3%（Kraemer et al.，2011）。因此，贸易份额与利益分配的不对等导致严重高估了中国在全球价值链分工中的利得，使中国在全球贸易格局中处于极为不利的地位。目前，中国出口结构

仍不合理，图1-2显示了一般贸易和加工贸易在中国出口贸易中的占比。由图1-2可见，2010年之前，中国加工贸易占比一直高于一般贸易占比，加工贸易占据了中国出口总额的"半壁江山"。2000～2018年，一般贸易比重逐年上升，加工贸易比重逐年下降，但加工贸易占比依然达到30%～40%。传统的贸易总量统计方法只关注企业出口总量，而忽视了企业在出口中实际创造的价值，无疑会夸大中国在全球价值链中的贸易利得。因此，在加工贸易占据"半壁江山"的中国，从价值创造的角度来分析中国在出口贸易中的利益所得和经济效应显然更具客观性和准确性。

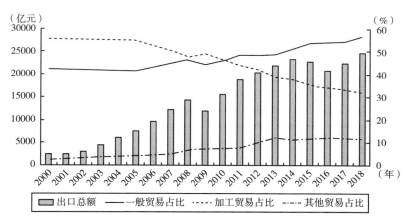

图1-2　2000～2018年中国出口贸易

资料来源：国家统计局网站和《中国贸易外经统计年鉴2019》。

2. 出口增长过度依赖于数量增长，价格贡献极低

与中国巨大出口规模相伴的是"中国制造"的低廉价格。由表1-1可见，中国计算机输入输出设备和鞋类产品出口的价值和数量均居首位，但中国这两类产品出口的价格几乎都居末位。从区域看，中国鞋类产品的价格低于所有国家/地区，计算机输入输出设备的价格居于倒数第二位。不管是作为技术密集型的计算机输入输出设备还是劳动密集型的鞋类产品，价格都处于极低水平。这也说明中国的出口增加主要依赖于数量增长，价格对出口规模的贡献极低。事实上，许多研究也表明，中国贸易规模的扩大远远大于提升贸易质量和结构带来的效益增长（Amiti and Freund，2011；李坤望，2008；等等）。由表1-2可见，中国企业出口增长主要依赖于数量扩张，大部分年份数量边际远远大于价格边际、产品种类边际和出口市场边际。由此可见，单纯地关注出口增长率而忽视出口增长的结构性差异，显然对于以低成本、低技术含量和低附加值产品出口为主的

中国而言，是不能真实和准确地反映中国出口贸易的特点，也不利于我们进一步分析出口增长的经济效应。因此，关注中国出口增长的结构性差异往往比单纯关注出口增长结果更为重要。

表1-1　　2004年中国出口美国商品的价值、数量与价格的国际比较

国家/地区	计算机输入输出设备			鞋类产品		
	价值 （千美元）	数量 （吨）	单价 （千美元/吨）	价值 （千美元）	数量 （吨）	单价 （千美元/吨）
中国	11100000.00	931739.10	11.91	2353152.00	396686.50	5.93
日本	1441432.00	13435.63	107.28	307.67	5.30	58.05
德国	123507.50	1158.38	106.62	48916.27	1113.00	43.95
韩国	988719.90	17159.80	57.62	36314.23	2337.83	15.53
中国台湾	754972.10	29538.43	25.56	22914.30	1397.23	16.40
马来西亚	1289379.00	62645.21	20.58	389.08	44.28	8.79
泰国	671270.00	13025.06	51.54	130808.60	1362.86	95.98
印度尼西亚	294515.80	15994.34	18.41	282329.20	457.10	617.66
菲律宾	93794.51	6241.00	15.03	1412.42	6.16	229.18
印度	3391.59	64.32	52.73	68998.16	544.19	126.79
巴西	2371.40	233.68	10.15	775912.30	42697.54	18.17
阿根廷	428.98	8.64	49.66	215.96	8.30	26.00
墨西哥	161722.00	135742.80	11.91	49126.92	2283.72	21.51

数据来源：施炳展. 中国出口增长的三元边际 [J]. 经济学，2010（4）.

表1-2　　　　2001~2013年企业出口增长四元边际的测度

年份	价格边际	数量边际	产品种类边际	出口市场边际
2001	−0.0225	0.4447	−0.1396	−0.5930
2002	−0.0311	0.1180	0.0302	0.0334
2003	−0.0071	0.2036	0.0346	0.0450
2004	0.0253	0.2026	0.0433	0.0545
2005	0.0166	0.0545	0.0504	0.0571
2006	0.0206	0.2202	0.0675	0.0647
2007	0.0201	0.0736	0.1040	0.1082
2008	0.0750	0.0741	0.0483	0.0634

续表

年份	价格边际	数量边际	产品种类边际	出口市场边际
2009	− 0. 0313	− 0. 0290	− 0. 0027	− 0. 0124
2011	0. 0650	0. 0826	0. 0408	0. 0503
2012	0. 0020	− 0. 0140	− 0. 0044	− 0. 0232
2013	− 0. 0101	0. 0698	0. 0122	0. 0152

数据来源：根据 2000 ~ 2013 年《中国海关进出口贸易数据库》测算得到，具体分解测算见第四章。

（二）出口扩张进一步扩大了企业之间的工资不平等

改革开放以来，中国居民收入水平大幅提高，但与此同时，中国收入分配不平等问题也日益凸显出来。中国基尼系数从 1982 年的 0.2494 迅速增加到 2018 年的 0.468，明显高于 0.4 的国际警戒线。[①] 由图 1 − 3 可见，中国加入 WTO 后出口规模呈明显的增长趋势。与此同时，中国的基尼系数总体上也呈现上升趋势，尤其是 20 世纪 90 年代，中国收入差距扩大尤为明显。自 1994 年起，中国的基尼系数均超过了 0.4 的国际警戒线。这一统计事实直接展示了出口规模扩张背后的收入不平等问题。具体而言，出口规模扩张对收入差距的影响主要包括以下两个方面。

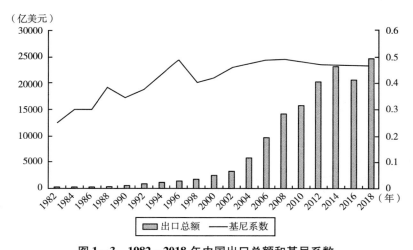

图 1 − 3 1982 ~ 2018 年中国出口总额和基尼系数

资料来源：《中国贸易外经统计年鉴 2019》和《中国住户调查年鉴 2019》。

---

① 数据来源：《中国住户调查年鉴 2019》。

1. 出口增加进一步扩大了出口企业与非出口企业之间的工资不平等

中国的出口贸易极大地推动了中国经济增长和区域经济发展。但随着经济全球化进程的加深，国际贸易对中国劳动力市场产生的影响也逐渐凸显出来。国际贸易加剧了收入分配的不平等，特别是导致了出口企业与非出口企业之间的工资差距（包群等，2011；王铂等，2010；于洪霞和陈玉宇，2010；等等）。国外大量的研究也表明，无论是发达国家还是发展中国家，国际贸易均导致出口企业和非出口企业间的工资差距，加剧了收入分配不平等（Bernard and Jensen，1995；Alvarez and López，2005；Arnold and Hussinger，2005；等等）。根据萨缪尔森定理，国际贸易会使出口行业中密集使用的生产要素的价格提高。显然，这一定理的一个直接推论是对于劳动力要素相对丰裕的国家，出口贸易会提高其劳动力的报酬，使得劳动者也能从国际贸易中获益。事实上，许多研究也表明出口导致工资溢价，进而导致了出口企业与非出口企业之间的工资差距（Bernard and Jensen，1995；Pär and Nan，2004；莫旋和肖黎，2016；等等）。由图1-4可见，出口企业和非出口企业人均工资水平总体上保持了上升态势，其中出口企业人均工资水平明显高于非出口企业人均工资水平，出口企业人均工资水平是非出口企业人均工资水平的1.1～1.3倍，存在一定的出口工资溢价。

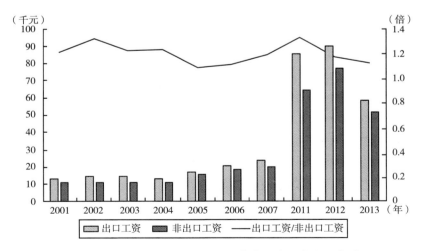

图1-4　2001～2013年出口企业和非出口企业人均工资对比

资料来源：根据2001～2013年《中国工业企业数据库》整理得到，2008～2010年工资数据缺失。

2. 出口增长进一步扩大了出口企业之间的工资不平等

国际贸易与收入不平等现象一直是国际经济学和劳动经济学领域的研究热点。而现有研究主要集中于比较出口企业和非出口企业之间的工资差距，并没有对出口企业间工资差距进行深入探讨，也无法揭示造成出口企业间工资差距的原因。近年来，随着企业异质性贸易理论的发展，诸多学者基于微观数据研究发现，整体的工资不平等主要来自行业内企业间的工资差距（Akerman et al.，2013；Helpman et al.，2017）。鉴于企业间工资差距的重要性，出口的大规模扩张是否会对出口企业间工资差距产生影响以及如何影响？事实上，现有研究已表明，大规模的出口扩张明显拉大了出口企业间工资差距，进而加剧了整体的工资不平等（刘灿雷和王永进，2019）。由图 1-5 可见，同中国出口增长的演变趋势相似，出口企业间工资差距（标准差）也呈现出明显扩大的趋势。这也表明了出口的大规模增长在一定程度上导致了出口企业间工资不平等的加剧。

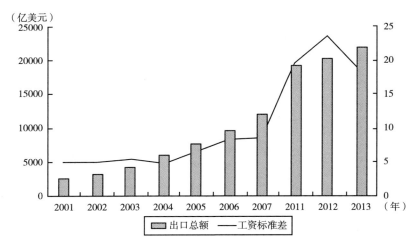

图 1-5　2001～2013 年出口企业间工资差距（标准差）

资料来源：根据 2001～2013 年《中国工业企业数据库》整理得到，2008～2010 年工资数据缺失。

由此可见，出口的增长不仅扩大了出口企业与非出口企业之间的工资差距，同时也导致了出口企业间的工资差距。而本书更为关注的是后者，即出口的大规模扩张对出口企业间工资差距产生何种影响？其背后的作用机制是什么？具体而言，本书在对出口增长进行结构性分解的基础上，分别探讨价格边际、数量边际、产品种类边际和出口市场边际对出口工资溢价的影响，包括其影响机理是否一致、哪种边际导致了工资溢价、哪种边际抑制了工资溢价等。另外，对仍处于价值链分工中低端的中国而言，传统的贸易总量分析法会严重高估中国在全球价值链分工中的利得。因此，本书从价值创造的角度进一步考察出口国内增加值对出口工资溢价的影响，以期全面厘清中国出口扩张与出口企业间工资差距的关系。

二、研究意义

党的十九大报告指出"坚持在经济增长的同时实现居民收入同步增长、在劳动生产率提高的同时实现劳动报酬同步提高"。可见，提高居民的收入水平、缩小收入差距是社会发展的必然要求。因此，在开放经济背景下，科学、全面地评估中国出口规模扩大与出口企业间工资差距的关系，对于进一步深化收入分配制度改革、提高出口企业工人工资水平具有重要的意义。

本书的理论意义主要有以下三点。

一是本书基于全球价值链嵌入视角，将企业出口增长的四元边际（价格边际、数量边际、产品种类边际和出口市场边际）和出口国内增加值纳入出口工资溢价理论模型中，完善了出口工资溢价理论的微观基础研究。国内关于出口与工资溢价的研究大部分是以实证分析为主，缺乏适合中国情境的理论做支撑，导致研究结论缺乏说服力。即使有，也只是单纯地考察出口规模扩张对工资溢价的影响机理，并未对出口增长进行结构性分解，从而无法揭示企业出口增长路径差异对工资溢价的影响，且传统的贸易总量统计方法并不能真实反映企业的价值创造和员工的福利增加。基于此，本书从全球价值链嵌入视角对企业出口增长进行结构性分解，分别探讨价格边际、数量边际、产品种类边际和出口市场边际对工资溢价的作用机理，以期拓展出口工资溢价微观理论研究。

二是本书从新经济地理学角度，有效地将两类新经济地理因素（国内市场潜能和国外市场潜能）和两类地区出口异质性变量（地区出口贸易边际和地区出口国内增加值）纳入地区出口工资溢价理论分析框架中，拓展了地区工资溢价理论研究。新经济地理学的最新研究表明，贸易自由化不仅影响国家间的贫富差距，同时也会导致国家内部区域之间的贫富差距，对区域工资水平造成影响（颜根根，2012）。基于此，本书重点考察了贸易自由化背景下的两类地区出口异质性变量，即地区出口贸易边际和地区出口国内增加值对地区出口工资溢价的影响机理，并将某一地区的市场潜能分解为国内市场潜能和国外市场潜能，有效地将两类新经济地理因素同时纳入地区工资溢价理论模型中，以期拓展出口工资溢价宏观理论研究。

三是本书从微观层面将企业的出口增长进行四元边际分解，从宏观层面将地区的出口增长进行五元边际分解，有效拓展了贸易边际方法研究。本书借鉴钱尼（Chaney，2008）、阿米提和弗洛伊德（Amiti and Freund，2011）关于二元边际的分解方法，从微观层面将企业的出口增长分解为质量边际（价格边际）、数量边际、产品种类边际和出口市场边际；从宏观层面将地区的出口增长分解为现有企业的出口扩张（集约边际），即价格边际、数量边际、出口市场边际和产品种类边际，以及新企业进入和旧企业退出引起的出口增长，即企业间扩展边际。本书既考虑了企业出口产品种类调整和出口市场调整引起的企业内扩展边际，同时也考虑了企业进入和退出引起的企业间扩展边际，因此，不存在低估扩展边际的作用，是对现有贸易边际内涵的完善和补充。

除了上述理论意义外，本书还具有以下三个现实意义。

一是本书从微观层面实证检验了出口增长四元边际、出口国内增加值与出口企业工资溢价的关系，为进一步深化收入分配制度改革，提高出口企业工人工资水平，缩小出口企业间工资差距提供了实证依据。以往研究主要集中于比较出口企业与非出口企业之间的工资差距，而较少关注出口企业间的工资差距。因此，本书在对企业出口增长进行四元边际分解的基础上，从价值创造的角度探讨出口企业间工资差距的影响因素，并给出了提高出口企业工人工资水平的政策建议。

二是本书从宏观层面实证检验了两类地区出口异质性特征变量和两类新经济地理因素变量对区域工资水平的影响，探究了引发区域工资水平变动的原因，以期促进区域经济发展和居民工资水平的提升。本书实证研究了新经济地理因素变量，即国内市场潜能和国外市场潜能是否对各省份劳动者的工资水平产生影响以及如何影响。同时，本书重点考察了两类地区出口异质性特征变量（地区出口贸易边际和地区出口国内增加值）及其与国外市场潜能的交互作用对区域工资水平的影响，为中国各地区贸易政策和收入分配政策制定提供了有效的参考。

三是本书在对企业出口增长进行四元边际分解的基础上，加入了更多的企业异质性特征变量，包括企业绩效、要素密集度、创新能力、行业特征、出口补贴与出口退税、企业规模等，从而更加全面地、多角度地考察企业出口增长的四元边际、出口国内增加值及企业异质性对出口工资溢价的影响，为政府部门制定科学合理的调控政策提供实证依据与政策参考。

第二节　重要概念界定

一、出口工资溢价

伯纳德和詹森（Bernard and Jensen，1995）首次证明了美国出口企业"工资溢价"（Wage Premium）的存在，即出口企业工人工资显著高于非出口企业工人工资。事实上，出口工资溢价不仅存在于美国，也存在于其他发达国家和发展中国家（Alvarez and López，2005；Arnold and Hussinger，2005；Hahn，2004；等等）。因此，出口工资溢价是指出口企业与非出口企业之间的工资差距，出口企业工资普遍高于非出口企业，存在一定的出口工资溢价（翁杰，2008；王铂等，2010；于洪霞和陈玉宇，2010；等等）。本书所指的出口工资溢价主要包括两层含义：一是指出口企业工资水平高于非出口企业，存在出口工资溢价；二是指出口企业间由于出口增长路径、出口国内增加值、企业规模、企业绩效、要素密集度、出口补贴等方面的差异，导致一部分出口企业工资水平高于其他出口企业，存在一定的出口工资溢价。本书主要关注出口企业之间的工资溢价。

二、四元边际

本书基于微观企业数据，对企业出口增长进行了结构性分解。具体而言，本书借鉴了钱尼（2008）、阿米提和弗洛伊德（2011）关于二元边际的分解方法，将企业的出口增长分解为质量边际（价格边际）、数量边际、产品种类边际和出口市场边际。其中，质量边际和数量边际反映了企业原有出口市场、原有出口产品种类由于数量或价格变动引起的出口扩张，属于集约边际。产品种类边际和出口市场边际反映了企业由于出口产品种类或者出口市场变动引起的出口变动，属于企业内扩展边际。企业在 t 期的出口增长可能是企业出口产品价格的变动引起的（价格边际），也可能是出口数量、产品种类或出口市场的变动引起的（数量边际、产品种类边际或出口市场边际），抑或是多种边际的共同作用。

三、五元边际

本书基于微观企业数据，将地区出口增长进行结构性分解。具体而言，本书同样借鉴了钱尼（2008）、阿米提和弗洛伊德（2011）关于二元边际的分解方法，从宏观层面将地区出口增长分解为现有企业的出口扩张，即价格边际、数量边际、出口市场边际和产品种类边际，以及新企业进入和旧企业退出引起的出口增长，即扩展边际。虽然本书也是从企业层面对地区出口增长进行分解，但不同的是，本书将地区集约边际进一步分解为价格边际、数量边际、出口市场边际和产品种类边际，从而更全面地反映了地区出口增长的结构性差异，尤其是集约边际的差异。地区在 t 期的出口增长可能是由于原有企业的出口扩张引起的，也可能是由于新企业进入和旧企业退出引起的，抑或是多种边际的共同作用。

第三节　研究内容与研究方法

一、研究内容

本书在梳理以往有关出口工资溢价文献的基础上，将两类出口异质性变量（出口贸易边际和出口国内增加值）纳入出口工资溢价分析框架中。本书构建了出口工资溢价理论模型，对出口增长和出口国内增加值进行了分解与测度，分别从企业层面和区域层面实证分析出口工资溢价的影响因素，并给出相应的政策建议。具体而言，本书内容如下。

（一）理论研究模块

一是构建出口工资溢价的微观理论分析框架。国内关于出口与工资溢价的研究大部分是以实证分析为主，缺乏适合中国情境的理论做支撑，导致研究结论缺乏说服力。即使有，也只是单纯地关注出口增长对工资溢价的影响机理而忽视了出口增长的结构性差异，从而无法揭示出口增长路径的不同对出口工资溢价的影响。另外，传统的贸易总量统计方法只关注企业出口总量，并不能真实反映企业的价值创造和员工的福利增加。因此，本书关注的是企业出口沿不同边际增长是否会对工资溢价产生不同影响？价格边际、数量边际、产品种类边际和出口市场边际对工资溢价的影响机理是否一致？哪种边际会促进出口企业工资水平的提升？哪种边际会抑制出口企业工资水平的提升？此外，企业出口国内增加值的不同是否也会对出口企业工资水平产生影响？具体的影响机理又是什么？这些问题都是构建企业出口工资溢价理论模型时需要重点关注的，也是本书的主要研究内容。

二是构建出口工资溢价的宏观理论分析框架。关于地区工资差距的理论研究，国际上主流的有三种：新古典增长理论、城市经济学和新经济地理学。而本书拟从新经济地理学的角度构建出口贸易边际、出口国内增加值对地区出口工资溢价影响的理论分析框架。新经济地理学的最新研究表明，贸易自由化不仅影响国家间的贫富差距，同时也会导致国家内部区域之间的贫富差距，对区域工资水平造成影响（颜根根，2012）。新经济地理学重点关注国内市场潜能对地区工资水平的影响，而在开放经济条件下，一个地区的市场潜能还应当包括国外市场潜能。因此，开放经济条件下，国外市场潜能是否也会对地区出口工资溢价产生影响？具体的影响机理是什么？贸易自由化背景下，地区出口增长路径和全球价值链嵌入的不同是否也会对地区出口工资溢价产生影响？具体的影响机理又是什么？这些都是本书在构建地区出口工资溢价理论模型时需要重点关注和探讨的问题，也是本书的主要研究内容。

（二）方法探讨模块

一是企业出口增长四元边际和出口国内增加值的分解测度。由于研究视角的不同，现有文献对扩展边际并没有统一的定义与标准。不管从企业层面、产品层面还是国家层面，对扩展边际的测算只反映某一方面的增长而忽略了另外两种可能引起扩展边际的因素，存在低估扩展边际的作用。因此，如何对企业出口增长进行结构性分解以全面反映扩展边际的贡献，是本书重点探讨的问题，也是本书的主要研究内容。另外，现有文献中，在测算出口国内增加值方面，根据其使用数据的不同，测算方法可以分为宏观测算方法和微观测算方法。而微观测算方法比较有代表性的是张杰等（2013）的方法，然而其在进口资本品折旧扣除方面存在一定的局限性，如未考虑资本品折旧分摊年限问题等。这也是本书试图在出口国内增加值测度方面拟改进的部分，也是本书的主要内容。

二是地区出口增长五元边际和出口国内增加值的分解测度。地区出口增长可能是由于该地区原有企业的出口扩张引起的，也可能是由于新企业进入或旧企业退出引起的。而宏观数据无法直接用来测算集约边际或扩展边际对地区出口增长的贡献，因此，如何利用微观企业数据将地区出口增长分解为现有企业的出口扩张，即价格边际、数量边际、出口市场边际和产品种类边际，以及新企业进入和旧企业退出引起的出口增长，即扩展边际，这些都是本书的主要内容。另外，由于数据限制，地区出口国内增加值无法直接测度，因此，如何由企业层面的出口国内增加值加权得到地区的出口国内增加值，这也是本书要重点探讨的内容。

（三）实证研究模块

一是从微观层面实证分析企业出口工资溢价的影响因素。现有文献大多重点比较出口企业与非出口企业之间的工资差异，即出口工资溢价的"存在性"检验，而较少关注出口对出口企业间工资差异的影响。因此，在理论上推导出了企业出口增长四元边际、出口国内增加值对出口工资溢价的影响后，本书结合微观企业数据进行实证检验，以便全面理解企业出口增长四元边际和出口国内增加值对出口工资溢价的影响。此外，企业收入等级、出口贸易方式、出口产品用途、产品要素密集度等的不同是否会对企业出口工资溢价产生影响以及如何影响，都是本书在实证部分重点研究的内容。

二是进一步实证分析地区出口工资溢价的影响因素。新经济地理学重点关注国内市场潜能对地区工资差距的影响，而在开放经济条件下，国外市场潜能是否也会对地区工资产生影响以及如何影响？根据上述构建的地区出口工资溢价理论分析框架，本书在区域实证分析部分先考察了两类新经济地理因素变量，即国内市场潜能和国外市场潜能对地区出口工资溢价的影响。接着，本书重点考察地区出口贸易边际和地区出口国内增加值是否会对该地区工资水平产生影响以及如何影响。另外，本书还探究了地区出口贸易边际和地区出口国内增加值对地区工资水平的影响是否会与不同省份距离海外市场的远近有关。这些都是本书在区域实证部分重点研究的内容。

（四）政策研究模块

给出促使出口企业工人工资水平提升、出口企业间工资差距缩小的政策建议，在全面厘清出口贸易边际、出口国内增加值与出口工资溢价的关系后，如何从各个层面提升工人工资水平、缩小出口企业间工资差距，是本书着重关注的内容。具体而言，企业出口沿哪些边际增长可以带来工人工资水平的提升？具体哪些措施可以促使企业沿这些方向实现出口增长？如何提升企业出口国内附加值？地区出口沿哪些边际增长可以带来地区工人工资水平的提升？具体哪些贸易政策可以促使地区沿这些方向实现出口增长？如何提升地区出口国内增加值以及实现向全球价值链中高端攀升？这些都是本书的重点内容。

二、研究方法

本书在梳理以往有关出口工资溢价文献的基础上，基于对外贸易收入分配效应、新经济地理学与全球价值链的有关理论，以中国出口扩张是否导致出口企业间工资差异为导向，系统考察了两类出口异质性变量（出口贸易边际与出口国内增加值）对出口工资溢价的影响，并最终给出了促使出口企业工人工资和福利水平提升的政策建议。本书的研究方法主要有以下三种。

一是文献分析法。本书广泛收集了国内外有关出口工资溢价的相关文献，并梳理已有文献理论研究与实证分析中可以借鉴的地方以及存在的不足，为后续的出口工资溢价理论分析框架构建以及相关的实证分析奠定基础。

二是规范分析法。一方面，本书在赫尔普曼等（Helpman et al.，2010）的模型（该模型被后人简称为 HIR 模型，即三位作者姓名首字母的缩写）基础上，将企业出口增长的四元边际（价格边际、数量边际、产品种类边际和出口市场边际）和出口国内增加值纳入模型中，构建了企业出口工资溢价的微观理论分析框架。另一方面，本书基于全球价值链嵌入视角，从新经济地理学的角度，在藤田等（Fujita et al.，1999）和刘修岩等（2007）理论模型基础上，构建了地区出口异质性（地区出口增长五元边际和出口国内增加值）对地区出口工资溢价影响的宏观理论分析框架。

三是实证分析法。首先，本书采用系统 GMM 估计方法实证分析了出口增长四元边际、出口国内增加值对企业出口工资溢价的影响，对微观理论分析结果进行实证检验。其次，本书采用空间计量方法实证检验了地区出口增长五元边际、出口国内增加值对地区出口工资溢价的影响。最后，本书借助核密度估计方法（Kernel Density Estimator）分析考察期内企业出口增长四元边际、出口国内增加值和企业人均工资的动态演变趋势和特点。

第四节　研究思路与研究框架

一、研究思路

本书从中国收入差距扩大的现实出发，提出了本书的关切所在，即出口扩张是否导致了出口企业间的工资差距，进而扩大了整体的收入不平等。基于此，本书梳理了以往有关出口工资溢价的研究文献，将两类出口异质性变量（出口贸易边际和出口国内增加值）纳入工资溢价理论模型中，并实证检验了出口贸易边际和出口国内增加值对出口工资溢价的影响。最后，基于理论与实证分析结果，从企业层面和政府层面给出了提升出口企业工人工资水平和地区工资水平的政策建议。本书的技术路线如图 1-6 所示。

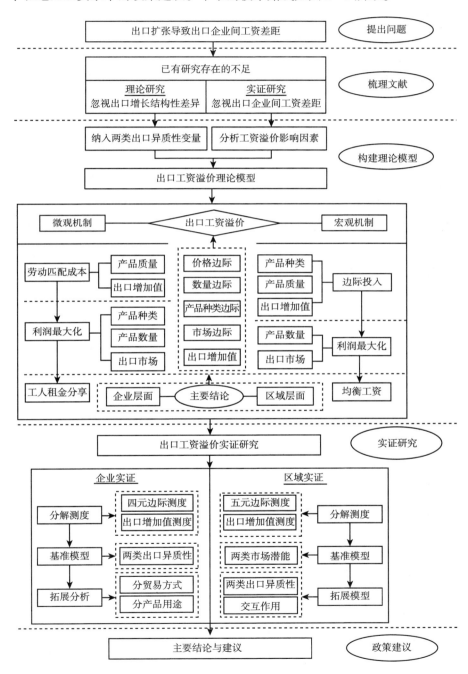

图 1-6 技术线路

二、研究框架

按照上述研究思路，本章主要分为以下八章，具体安排如下。

第一章为导论。本章主要介绍了本书的选题背景、主要研究内容、主要的创新点等，对重要概念进行了界定。

第二章为文献综述。本章梳理了以往有关出口工资溢价的研究文献。按照出口与工资溢价关系、出口对工资溢价作用机制、企业异质性与出口工资溢价关系、出口贸易边际与工资溢价关系、出口国内增加值与工资溢价关系五个方面进行梳理与评价，分析现有文献在理论研究和实证分析方面需要进一步完善的地方，为后续研究奠定文献基础。

第三章为企业出口工资溢价微观理论分析框架的构建。本章在赫尔普曼等（Helpman et al.，2010）模型（简称为 HIR 模型）基础上，将企业出口增长四元边际（价格边际、数量边际、产品种类边际和出口市场边际）和出口国内增加值纳入 HIR 模型中，构建了企业出口增长四元边际、出口国内增加值对企业出口工资溢价影响的微观理论分析框架。

第四章为企业层面贸易边际与出口国内增加值的分解测度。第一节为企业层面四元边际的分解与测度。本章确定了企业出口增长四元边际（价格边际、数量边际、产品种类边际和出口市场边际）的具体分解方法，从总体上、分所有制、分地区对企业出口增长四元边际进行统计测算，并借助核密度估计方法分析考察期内企业出口增长四元边际的动态演变趋势和特点。第二节为企业层面出口国内增加值的测算。本书确定了企业出口国内增加值的测算方法，从总体上、分所有制、分地区对企业出口国内增加值进行测算，并借助核密度估计方法刻画考察期内企业出口国内增加值的动态分布演变趋势。

第五章为实证分析企业出口工资溢价的影响因素。第一节为企业出口工资溢价的影响机理分析。根据上述第三章构建的企业出口工资溢价微观理论分析框架，本章提出了六个假设。第二节为特征性事实描述。分别考察了企业人均工资的总体平均值及样本考察期内的变动趋势，并分所有制、分地区、分贸易方式考察了出口企业人均工资水平情况。第三节为出口增长四元边际、出口国内增加值对企业出口工资溢价影响的基准回归。本节主要采用系统 GMM 估计方法实证检验了企业出口增长四元边际、出口国内增加值对企业出口工资溢价的影响。在剔除异常样本点、对控制变量再度量、考虑出口国内增加值贸易的时滞效应后，回归结果依然保持一致，进一步验证基准回归结果的稳健性。第四节为拓展分析。为了更深入考察贸易边际、出口国内增加值对企业出口工资溢价的影响，本章从不同收入组、不同贸易方式、不同产品用途等方面做了进一步拓展分析。

第六章为地区出口工资溢价宏观理论分析框架的构建。本章基于全球价值链视角，从新经济地理学的角度，在藤田（1999）和刘修岩等（2007）理论模型基础上构建了出口异质性对地区出口工资溢价影响的理论分析框架。第一节为封闭条件下的基准模型，重点考察国内市场潜能对地区工资水平的影响。第二节为开放条件下的模型。新经济地理学关注国内市场潜能对地区工资水平的影响，而在开放经济条件下，一个地区的市场潜能还应当包括国外市场潜能。因此，开放经济条件下，将地区市场潜能分解为国内市场潜能和国外市场潜能并将其纳入理论模型中。同时，贸易自由化背景下，地区出口异质性，即地区出口增长结构性差异和地区出口国内增加值会对地区出口工资溢价产生影响，因此将地区出口异质性有效地纳入理论模型中。

第七章为贸易边际、出口国内增加值与地区出口工资溢价的空间计量分析。第一节为地区层面贸易边际、出口国内增加值的分解测度。本章提出了地区出口增长五元边际（价格边际、数量边际、产品种类边际、出口市场边际和扩展边际）的具体分解方法和出口国内增加值的测算方法，对地区出口增长五元边际和地区出口国内增加值进行了测算。第二节为地区出口工资溢价的影响机理与研究假设。本章根据第六章构建的宏观理论分析框架，提出了五个研究假设。第三节为地区出口工资溢价的影响因素分析。本章对地区出口工资水平进行了特征性事实描述，介绍了本章数据来源、模型设定及变量描述，采用空间计量方法分别估计了基准模型（关注两类新经济地理因素变量）和拓展模型（关注两类地区出口异质性），对估计结果进行了稳健性检验。

第八章为研究结论、政策建议与研究展望。本章主要总结了相关的研究结论，从企业层面和地区层面给出了提升出口企业工人工资水平的政策建议，并对未来的研究方向进行展望。

第五节 拟解决的关键问题与可能的创新点

一、拟解决的关键问题

（一）贸易边际概念界定和出口国内增加值测算方法确定

界定贸易边际的概念和确定出口国内增加值测算方法是本书需要解决

的首要关键问题。从现有文献来看，由于研究的视角和侧重点不同，对贸易边际并没有统一的定义和标准。不管从企业层面、产品层面还是国家层面，对扩展边际的测算只反映某一方面的增长，而忽略了另外两种可能引起扩展边际的因素，存在低估扩展边际的作用。因此，如何从企业层面和地区层面对出口增长进行结构性分解，以全面反映扩展边际的贡献，这是展开后续研究的基础与根本。此外，关于出口国内增加值的测算，现有微观测算方法中比较有代表性的是张杰等（2013）的方法，然而其在进口资本品折旧扣除方面存在一定的局限性，如未考虑资本品折旧分摊年限问题等。因此，如何在借鉴前人测算方法的基础上加以改进，也是本书首要解决的关键问题。

（二）构建出口工资溢价的微观和宏观理论分析框架

构建出口工资溢价的微观和宏观理论分析框架是本书拟解决的第二个关键问题。就微观理论模型构建而言，HIR 模型很好地提供了出口、生产率异质性和劳动筛选成本异质性对企业工资影响的微观分析框架。但是，如何将出口增长四元边际和出口国内增加值有效地纳入 HIR 模型中，是本书要解决的关键问题。就宏观理论模型构建而言，藤田等（1999）、克鲁格曼（Krugman，1991）和刘修岩等（2007）从新经济地理学的角度构建了地区工资差距的理论分析框架。然而，该理论分析框架是基于封闭经济条件，并未考虑开放经济条件下出口贸易的影响。因此，如何将封闭经济框架下的地区工资差距分析逐渐拓展至开放经济条件下，并将地区出口贸易边际和出口国内增加值纳入理论模型中，是本书拟解决的第二个关键问题。

（三）实证分析出口工资溢价的影响因素

从微观企业层面和宏观区域层面实证检验两类出口异质性变量，即出口贸易边际和出口国内增加值对出口工资溢价的影响，是本书需要解决的第三个关键问题。就企业层面而言，企业所属收入组不同、贸易方式不同或出口产品用途不同是否会对出口工资溢价产生不同影响。就地区层面而言，新经济地理因素变量是否会与地区出口异质性变量产生交互作用。另外，在实证分析中，如何选取合适的控制变量和合适的估计方法（如核密度估计、系统 GMM、空间计量模型等）以及如何保证实证结果的稳健性等，都是本书需要解决的关键问题。

（四）提升出口企业工人工资水平，缩小收入差距

如何提升出口企业工人工资和福利水平，缩小出口企业间工资差距和地区间工资差距是本书需要解决的第四个关键问题。对出口工资溢价影响因素的理论分析与实证检验的深层次目的在于厘清出口扩张与出口企业间工资差距的关系，为提高出口企业工人工资水平，缩小收入差距提供理论和实证依据。为此，基于上述分析，本书需要从企业层面和地区层面给出提升出口企业工人工资水平的相关政策建议，这也是本书需要解决的第四个关键问题。

二、可能的创新点

（一）界定了出口贸易边际的内涵，提出了企业出口增长四元边际、地区出口增长五元边际的分解测度方法

关于贸易边际的研究，现有文献主要集中于宏观和中观层面，且对集约边际的概念较为统一，但对扩展边际并没有统一的定义与标准。不管从企业层面、产品层面还是国家层面，对扩展边际的测算只反映某一方面的增长，而忽略了另外两种可能引起扩展边际的因素。如就企业层面而言，扩展边际表现为新企业的进入和旧企业的退出引起的出口扩张（企业间扩展边际），而忽略了原有企业产品范围调整或出口市场调整引起的出口扩张（企业内扩展边际），存在低估扩展边际的作用。本书从微观层面将企业的出口增长分解为质量边际（价格边际）、数量边际、产品种类边际和出口市场边际；从宏观层面将地区的出口增长分解为现有企业的出口扩张（集约边际），即价格边际、数量边际、出口市场边际和产品种类边际，以及新企业进入和旧企业退出引起的出口增长，即企业间扩展边际。此分解方法既考虑了企业出口产品种类调整和出口市场调整引起的企业内扩展边际，同时也考虑了企业进入和退出引起的企业间扩展边际，因此，不存在低估扩展边际的作用，是对现有贸易边际内涵的完善和补充。

（二）构建了出口工资溢价理论模型，从企业层面和地区层面揭示了贸易边际与出口国内增加值对出口工资溢价的影响机理

本书创新性地将两类出口异质性变量（出口贸易边际和出口国内增加值）纳入出口工资溢价理论模型中，构建了出口工资溢价的微观和宏观理论分析框架，对出口工资溢价理论进行了全新的拓展。已有的出口工资溢

价理论研究主要集中于从自我选择效应、出口学习效应、租金分享机制等方面分析出口对工资溢价的影响机理，而较少关注出口对出口企业间工资差距的影响机理。本书基于全球价值链嵌入视角，重点探讨了出口贸易边际，即价格边际、数量边际、产品种类边际、出口市场边际以及扩展边际对出口工资溢价的影响机理，包括其影响机理是否一致、哪种边际会促进出口工资提升、哪种边际会抑制出口工资提升等。此外，本书创新性地将地区市场潜能分解为国内市场潜能和国外市场潜能，有效地将两类新经济地理因素变量纳入理论分析框架中，构建了地区出口工资溢价理论模型。

（三）基于异质性视角，从企业层面和地区层面实证研究了贸易边际和出口国内增加值对出口工资溢价的影响，得出了新的研究结论

一方面，国内外关于贸易边际与出口工资溢价的经验研究相对较少，即使有，也只是简单地探讨二元边际（集约边际和扩展边际）对出口工资溢价的影响。另一方面，关于出口国内增加值与工资溢价的实证研究大部分是基于宏观测算方法，探讨全球价值链嵌入对行业工资差距的影响，而基于微观测算方法探讨出口国内增加值对出口工资溢价影响的文献较为缺乏。基于此，本书从企业层面实证检验了出口增长四元边际、出口国内增加值对企业出口工资溢价的影响，为出口企业如何提高工人工资水平提供了实证依据。从宏观层面实证检验了地区出口增长五元边际、出口国内增加值对地区出口工资溢价的影响，探究了引发区域工资水平变动的原因。此外，新经济地理学重点关注国内市场潜能对地区工资水平的影响，而本书实证检验了两类市场潜能，即国内市场潜能和国外市场潜能对地区出口工资溢价的影响，得出了新的研究结论。

第二章

贸易边际、出口国内增加值
与工资溢价研究进展

现有关于出口工资溢价的研究主要集中于出口与工资溢价的关系，出口对工资溢价的影响机理，出口工资溢价的影响因素等。然而，随着全球贸易分工模式的转变，各个国家（地区）开始专注于产品价值链生产的某个环节，全球价值链嵌入也成为新新贸易理论研究的热点。随着全球价值链发展的不断深入，中国进出口企业不断融入全球价值链生产中，不同企业在价值链贸易中的利得不同，其工资水平也表现出了差异性。因此，在全球价值链嵌入背景下，探讨出口贸易边际、出口国内增加值对工资溢价的影响有一定的必要性和科学性。

第一节　出口与工资溢价关系研究

一、出口导致工资溢价

伯纳德和詹森（Bernard and Jensen，1995）首次证明了美国出口企业"工资溢价"的存在，即出口企业工人工资显著高于非出口企业工人工资。事实上，出口工资溢价不仅存在于美国（Bernard and Jensen，1995），也存在于智利（Alvarez and López，2005）、德国（Arnold and Hussinger，2005）、巴西（Krishna et al.，2011）等众多发达国家和发展中国家。尚克等（Schank et al.，2007）则发现，在控制了员工的异质性特征和工作场所后，出口企业和非出口企业员工工资的差距变得很小，但是不会完全消失。近年来，国内也有学者对出口与工资溢价进行了有益的探讨，并证实了出口企业"工资溢价"的存在，即出口有利于提高工人的工资水平（翁杰，2008；王铂等，2010；于洪霞和陈玉宇，2010；等等）。另一些学者运用倾向得分匹配法同样发现企业的出口行为显著地提高了工人工资（李静和彭飞，2012；黄静波等，2013），然而这一因果关系只在企业出口强度的某一子区间成立（史青，2013）。

二、出口不能导致工资溢价

部分学者则认为出口并不能导致工资溢价。尚克等（Schank et al.，2004）利用大量的德国雇主—雇员匹配数据证明，当员工的个人特征和工作地点受到控制后，出口企业的"工资溢价"就消失了。北洛和里格比（Breau and Rigby，2006）的研究进一步表明在控制了工人本身的异质性特征后，出口并未对工人的工资水平产生影响。伦丁和云（Lundin and Yun，2010）针对瑞典的研究也发现，工资溢价与出口强度无关。另外，针对中国的部分研究也证实了出口不能导致工资溢价。包群和邵敏（2010）考察了出口对工资增长率的影响，发现出口在某种程度上抑制了中国的工资增长率，且这种抑制作用在高出口密集度企业中表现最为明显。事实上，出口扩大收入差距可能是由于忽视了省际的异质性导致的，当考虑了省际的异质性后，发现出口并未对地区间的工资差距产生显著影响（曲兆鹏和范言慧，2012）。同时，基于企业层面的研究也发现，在控制了企业存续时间等因素后，并没有发现出口导致工资溢价（包群等，2011），甚至有学者研究发现出口对企业工人工资水平有显著的负向影响（邵敏，2011）。

三、出口与工资互为促进

除了上述两种观点外，也有部分学者认为出口与工资水平间存在双向因果关系。伯纳德和詹森（Bernard and Jensen，1999）基于美国制造业数据的研究发现，部分企业在出口之前就存在一定的工资溢价；出口后，企业为在激烈的国际市场中能够保持竞争优势，又进一步提高了工人的工资水平，从而扩大了出口企业与非出口企业之间的工资差距。蒙克和斯盖克森（Munch and Skaksen，2008）的研究也认为，企业为了避免国际市场的激烈竞争，会通过雇用高技术劳动力来提高企业的创新能力、设计能力或品牌价值，以此来生产差异化产品。其中，针对中国的研究也表明，由于雇用了较高技能水平的劳动者，企业更可能成为出口企业，而成为出口企业后，企业能够吸引更多高技能水平的劳动力，两者之间存在相互促进作用（于洪霞和陈玉宇，2010）。赵春燕和黄汉民（2013）也进一步证实了出口与工资溢价间的相互作用机理，具有较高工资水平的企业自我选择进入出口市场，进入出口市场后又进一步提高了工资水平。因此，出口工资溢价是自我选择效应和出口学习效应共同推动的结果。具体见表2-1。

表2-1　　　　　　　　　　　出口与工资溢价的关系

基本观点	国内外部分参考文献
出口导致工资溢价	Bernard and Jensen，1995；Bernard and Wagner，1997；Hahn，2004；Alvarez and López，2005；Van Biesebroeck，2005；Arnold and Hussinger，2005；Farinas and Martin-Marcos，2007；Schank et al.，2007；Krishna et al.，2011；翁杰，2008；王铂等，2010；于洪霞和陈玉宇，2010；刘海洋和孔祥贞，2012；黄静波等，2013；陈波和贺超群，2013；史青，2013；马述忠和王笑笑，2015；莫旋和肖黎，2016；等等
出口不能导致工资溢价	Schank et al.，2004；Breau and Rigby，2006；Lundin and Yun，2010；包群和邵敏，2010；包群等，2011；邵敏，2011；等等
出口与工资互相促进	Bernard and Jensen，1999；Munch and Skaksen，2008；于洪霞和陈玉宇，2010；赵春燕和黄汉民，2013；等等

四、述评

在研究视角上，上述文献主要集中于比较出口企业与非出口企业之间的工资差距，而较少关注出口对出口企业间工资差距的影响，也无法揭示造成出口企业间工资差距的原因。另外，现有文献大都单纯研究出口对工资溢价的影响，而忽视了企业出口增长的路径差异，即出口沿不同边际增长对工资溢价的不同影响。因此，如何结合中国特殊的国情，对出口增长进行结构性分解，并结合微观企业层面数据考察造成出口企业间工资差距的原因，有待进一步研究。

第二节　出口对工资溢价影响机理研究

关于出口与工资溢价的研究，大部分是以数据层面的验证性分析为主，而关于出口对工资溢价影响机理的研究相对较少，大致可以概括为以下几类。

一、S-S定理所强调的价格效应

新古典贸易理论探讨了国际贸易对国内要素报酬的影响。基于 H-O 新古典贸易理论框架，萨缪尔森（Samuelson，1941）认为，国际贸易通过提高一国丰裕要素密集型商品的相对价格，使得出口行业中密集使用的生产要素价格提高，而进口竞争行业中密集使用的生产要素报酬降低。这一结论得到了许多经济学家的肯定，被称为 S-S 定理。根据 S-S 定理，中国属于劳动力相对丰裕的国家，因此，出口会提高中国劳动者的报酬，使劳动者能够从出口贸易中获益。琼斯（Jones，1965）提出的放大效应则是对 S-S 定理的引申与发展，他认为，在两种最终产品、两种生产要素假定下，最终产品价格的变动会导致生产要素价格的更大幅度变动。这意味着对于出口劳动密集型产品的中国而言，出口贸易在提高劳动密集型商品相对价格的同时，会带来中国劳动力报酬更大幅度的提升。放大效应理论从贸易的价格机制出发，概括了产品价格变化对要素价格变化的影响，是 S-S 定理在发达国家的应用。关于 S-S 定理在中国的适用性，主流经济学观点分为两类。一部分学者支持 S-S 定理在中国的适用性。王铂（2010）以 S-S 定理为基础，从理论上分析了国际贸易能够提高工人工资，并基于微观企业数据验证了该定理。一部分学者基于 S-S 定理，提出出口活动影响企业工人工资水平的作用机制，并运用微观企业层面数据对理论预期进行实证检验（艾洪山等，2010；汤二子和孙振，2012）。另一部分学者认为技能偏向型的技术进步、大量低技能工人的失业、劳动供给变动是 S-S 定理在中国无法适用的主要原因（蒋雨桥和岑杰，2016），贸易开放加剧了中国收入分配不平等，S-S 定理在中国并不适用（杨志群和余玲铮，2012）。刘慧（2015）研究发现，S-S 定理在外资制造业和资本密集型内资制造业中并不适用。

二、自我选择效应或出口学习效应

有部分学者认为出口工资溢价可能来源于自我选择效应（Self-selection effects）或者出口学习效应（Learning-by-exporting effects），也有部分学者认为出口工资溢价可能来源于两者的共同作用。大致观点可以分为以下三类。

一是出口工资溢价来源于出口学习效应。出口学习效应理论认为企业进入出口市场后有更多机会学习先进的技术和管理经验，通过学习与吸收经验，促使企业提高生产率和生产效益，从而有能力支付更高的工资。蒙克和斯盖克森（Munch and Skaksen，2008）针对丹麦的研究表明，企业进入国际市场后，为了避免更为激烈的竞争，会通过雇用高技术劳动力来提高企业的创新能力、设计能力或品牌价值，以此来生产差异化产品，从而提高工人工资水平。马丁斯和奥普罗莫勒（Martins and Opromolla，2009）针对葡萄牙的研究也验证了出口学习效应的存在。其中，针对中国的研究表明，中国高技术密集型行业中的出口活动会促进其生产率水平的提升，进而对员工收入产生显著的正向影响，即验证了出口学习效应存在于中国高技术密集型行业中（邵敏，2011）。刘海洋和孔祥珍（2012）的研究进一步证实了出口工资溢价来源于出口学习效应，出口企业在未出口前与其他持续非出口企业的工资水平并不存在显著差别，从而排除了自我选择效应。

　　二是出口工资溢价来源于自我选择效应。该理论认为，企业在出口之前就拥有较高的生产率，支付给工人的工资水平也较高，这些企业自我选择进入出口市场。这一理论中最具影响力的是梅里兹（Melitz，2003）的研究，他认为，企业在进行出口决策时会进行自我选择，只有生产率水平高的企业才会进入出口市场，因此，企业在出口之前就存在一定的工资溢价。伯纳德和詹森（Bernard and Jensen，1999）早期针对美国的研究发现，企业在出口之前工资水平就高于非出口企业2%~4%的水平，即出口工资溢价来源于企业的自我选择效应，而出口学习效应则不明朗。尚克等（Schank et al.，2010）针对德国的研究也表明，出口工资溢价是由于生产率更高、支付更高工资的企业自行选择进入出口市场，而不是由出口活动引起工资溢价，即支持自我选择效应，否定出口学习效应。

　　三是出口工资溢价来源于出口学习效应和自我选择效应的共同作用。于红霞和陈玉宇（2010）的研究表明，出口与工资溢价间存在相互促进作用，雇用较高技能劳动力的企业更有可能成为出口企业，而企业出口后又能吸引到更多的高技能劳动力，即验证了出口工资溢价来源于出口学习效应和自我选择效应的共同作用结果。赵春燕和黄汉民（2013）的研究进一步证实了上述结论。吕双双（2014）研究发现，持续出口企业的工资溢价最高，新出口企业在进入出口市场之前，工资已显著高于非出口企业，因此，出口工资溢价来自企业自我选择效应和出口学习效应的共同作用。

三、租金分享机制

　　租金分享理论认为，谈判力模型（bargaining model）能更好地描述劳动力市场。在该模型中，企业和工人就出口创造的剩余，即租金，进行讨价还价，从而分享企业剩余（于红霞和陈玉宇，2010）。麦克唐纳和索洛（Mcdonald and Solow，1981）最早将租金分享谈判模型用于分析国际贸易对工资的决定，由其提出的"效率溢价模型"明确了谈判力（bargaining power）在模型中的作用，工会与企业之间的相对谈判力决定了其各自能分享到的租金。更确切地说，企业和工人可以进行工资议价，分享企业销售收入，议价的最终结果是企业会雇用工人，直到其雇用工人的边际收益等于边际成本为止（Stole and Zwiebel，1996）。阿西莫格鲁等（Acemoglu et al.，2007）构建了一个易于处理的框架来分析契约不完全性、技术互补性和技术采用之间的关系。在这个模型中，事后收入分配由多边谈判控制，用沙普利值（Shapley Value）作为这个多边谈判游戏的解决方案。赫尔普曼等（Helpman et al.，2010）在构建出口、生产率异质性和劳动筛选成本异质性对企业工资影响的微观分析框架时直接借鉴了阿西莫格鲁等（Acemoglu et al.，2007）的研究中企业和工人租金分享比例。其中，国内也有部分学者认为当企业通过出口扩大产品需求时，会增加对劳动力的引致需求，而企业会通过提高工资水平来吸引更多工人加入，因此，工人的谈判力会相对提高，工人的工资水平也会相应得到提升（翁杰，2008）。也有学者通过微观层面数据研究发现出口企业和劳动者之间并不存在租金分享（于红霞和陈玉宇，2010）。此外，有学者基于赫尔普曼等（Helpman et al.，2010）的模型进行了拓展，构建了劳动筛选异质性与资本使用成本异质性对出口企业工资水平的作用机制（马述忠和王笑笑，2015）。具体见表2-2。

表2-2　　　　　　　　　　　出口与工资溢价作用机制

基本观点	国内外部分参考文献
价格效应	Stolper and Samuelson，1941；Jones，1965；王铂，2010；艾洪山等，2010；汤二子和孙振，2012；杨志群和余玲铮，2012；刘慧，2015；蒋雨桥和岑杰，2016；等等
自我选择效应或出口学习效应	Bernard and Jensen，1999；Melitz，2003；Bernard and Jensen，2004；Munch and Skaksen，2008；Martins and Opromolla，2009；Schank et al.，2010；于红霞和陈玉宇，2010；邵敏，2011；刘海洋和孔祥珍，2012；赵春燕和黄汉民，2013；吕双双，2014；董勤伟，2015；等等
租金分享机制	Mcdonald and Solow，1981；Stole and Zwiebel，1996；Acemoglu et al.，2007；Helpman et al.，2010；翁杰，2008；于红霞和陈玉宇，2010；马述忠和王笑笑，2015；等等

四、述评

上述研究为我们理解出口与工资溢价的内在机理提供了有益的借鉴和参考，但现有文献只是单纯地考察出口对工资溢价的作用机理，并未对出口增长进行结构性分解，从而无法揭示企业出口增长结构性差异对工资溢价的影响机理，也无法揭示价格边际、数量边际、产品种类边际和出口市场边际对工资溢价的不同影响，包括其影响机制是否一致、哪种边际在起主导作用、哪种边际导致了工资溢价、哪种边际抑制了工资溢价等，这些都有待进一步研究和探讨。

第三节　企业异质性与出口工资溢价研究

一、企业异质性与出口工资溢价

经济学研究特别是国际贸易研究的趋势是研究对象的个体化、微观化，因此，微观层面的企业异质性为出口工资溢价的研究提供了新的视角。企业生产率异质性是影响出口工资溢价的关键因素。伯纳德和詹森（Bernard and Jensen，1995）针对美国的研究发现，出口企业比非出口企业拥有更高的生产率水平，能获得更多的利润，因而支付更高的工资。而梅里兹（Melitz，2003）企业异质性贸易理论模型的出现，有效地论证了生产率异质性对企业出口选择的影响，该理论认为出口企业的生产率水平要高于非出口企业，只有生产率水平最高的企业才能进入出口市场。随着企业异质性理论的发展，也有研究认为不仅生产率高的企业容易出口，且出口也会进一步促进企业生产率水平的提高，两者存在相互促进的作用（Bernard et al.，2006）。其中对于中国的观察，一部分学者认为出口企业的生产率水平更高（李春顶，2009；易靖韬，2009；唐宜红和林发勤，2009），另一部分学者则发现中国存在"生产率悖论"现象，出口企业的生产率水平反而低于非出口企业（赵伟等，2011；汤二子和孙振，2012）。

此外，产品质量异质性、技术异质性、资本使用成本异质性等也是出口工资溢价的影响因素。一些学者从产品质量异质性角度研究发现，出口企业对高质量产品的需求引致对高质量劳动力的需求，因此企业支付给工人的工资水平也越高（Verhoogen，2008；Kugler and Verhoogen，2012）。另一些学者从技术异质性角度研究发现，出口企业中高技术工人占比高于低技术工人占比，对应的高技术工人能获得更多的出口工资溢价（Bustos，2011）。还有一些学者将资本使用成本异质性引入 HIR 模型，用负债利率和外资参与度作为资本使用成本的代理变量，发现企业负债利率与工资水平成反比，而与外资参与度成正比（马述忠和王笑笑，2015）。

另外，企业规模、资本劳动比、新产品产值份额、企业所有制性质等企业异质性变量也会对出口工资溢价产生不同影响（包群和邵敏，2010；马述忠和王笑笑，2015；等等）。

二、述评

理论界从多方面、多角度探讨了企业异质性对出口工资溢价的影响，得出了具有借鉴意义的结论。然而，大部分文献在探讨企业异质性对工资溢价的影响时，只是单纯地涉及某一个或者某几个企业异质性特征变量。因此，基于全球价值链嵌入视角，在对出口增长进行结构性分解的基础上，如何加入更多的企业异质性特征变量，从而更加全面地、多角度地考察企业异质性对出口工资溢价的影响，值得进一步研究与探讨。

第四节　出口贸易边际与工资溢价研究

一、贸易边际的概念界定

从现有文献来看，由于研究的视角和侧重点不同，对贸易边际并没有统一的定义和标准，不同的学者从不同的角度对贸易边际的内涵进行界定。现有研究主要集中于从企业层面、产品层面和国家层面来定义出口边际。第一，就企业层面而言，扩展边际表现为新企业进入和旧企业退出引起的出口增长，集约边际则表现为现有企业的出口扩张（Melitz，2003；Eaton et al.，2008；Helpman et al.，2008；等等）。杨连星等（2015）则基于微观企业层面的数据，将企业的三元边际定义为进入边际、集约边际和扩展边际。第二，就产品层面而言，扩展边际表现为出口产品种类变动引起的出口增长，集约边际则表现为原有出口产品种类的出口扩张（Amiti and Freund，2011；Chaney，2008）。此外，一些学者在产品层面二元边际基础上，将集约边际分解为价格边际和数量边际（Hummels and Klenow，2005；施炳展，2010；钟建军，2016；等等），从而将二元边际拓展为三元边际。马诺瓦和张（Manova and Zhang，2009）、阿克洛基斯和慕德勒（Arkolakis and Muendler，2010）和钱学峰等（2013）则将扩展边际分解为企业内扩展边际和企业间扩展边际，从而有效地反映了企业产品范围调整带来的贸易利得，将二元边际拓展为三元边际。国内关于贸易边际的少数研究也是基于产品视角（钱学峰和熊平，2010；施炳展，2010），只是对贸易边际的界定有所不同。第三，就国家层面而言，扩展边际表现为与新的国家建立贸易关系引起的出口增长，集约边际则表现为与原有贸易伙伴国间的出口扩张（Felbermayr and Kohler，2006；Helpman et al.，2008）。比斯德和普鲁萨（Besedeš and Prusa，2011）则在国家层面二元边际的基础上进一步将集约边际分解为已有贸易关系的维持（survival）和深化（deepening）。具体见表 2 - 3。

表 2 - 3　　　　　　　　　　贸易边际的概念界定

研究视角	国内外部分参考文献
企业层面	Melitz，2003；Eaton et al.，2008；Helpman et al.，2008；Martina，2008；Bernard et al.，2009；Lawless，2010；陈勇兵等，2012；杨连星，2015；等等
产品层面	Hummels and Klenow，2005；Chaney，2008；Manova and Zhang，2009；Arkolakis and Muendler，2010；Amiti and Freund，2011；施炳展，2010；钱学峰和熊平，2010；钱学峰等，2013；钟建军，2016；等等
国家层面	Felbermayr and Kohler，2006；Helpman et al.，2008；Besedeš and Prusa，2011；钱学峰，2008；等等

二、出口贸易结构

要理解中国的出口贸易模式及贸易增长路径，有必要对出口增长进行结构性分解，并探讨不同贸易边际对出口扩张的贡献程度。由于研究视角以及使用数据的不同，对贸易边际的分解与测度结果也不尽相同。根据不同贸易边际在出口增长中的重要性，现有文献主要分为以下三类。

第一类支持集约边际在出口增长中的重要作用。一些学者基于企业层面的数据发现，尽管每年新增出口企业数量较多，但该部分企业出口额所占比重很小，出口增长仍然依赖于现有企业的出口扩张（Eaton et al.，2007；

Bernard et al.，2014）。比斯德和普鲁萨（Besedeš and Prusa，2011）将样本容量扩大到46个国家，研究发现：由于新建立的贸易关系持续时间很短暂，因而扩展边际对出口增长的贡献很小；只有贸易关系存续下来并且得以深化（集约边际），才能对出口增长产生重要作用。菲伯梅尔和柯勒（Felbermayr and Kohler，2006）、赫尔普曼等（Helpman et al.，2008）基于国家层面的数据也得出了类似的结论，出口增长主要来源于现有贸易伙伴间的出口扩张。其中，也有不少针对中国的研究。阿米提和弗洛伊德（Amiti and Freund，2011）从产品层面将中国的出口增长分为扩展边际和集约边际，研究发现中国的出口增长主要依赖于集约边际，扩展边际对出口增长的贡献忽略不计。钱学峰（2010）、陈勇兵等（2012）也得出了类似的结论，即中国的出口贸易扩张主要沿集约边际实现，从而导致中国的出口贸易极易受到外部冲击的影响。

第二类文献强调扩展边际在出口增长中的主导地位。希尔伯瑞和麦克丹尼尔（Hillberry and McDaniel，2002）、基欧和鲁尔（Kehoe and Ruhl，2003）和伊顿等（Eaton et al.，2004）等均发现出口贸易增长主要来源于扩展边际。赫梅尔斯和克莱诺（Hummels and Klenow，2005）基于产品层面的研究发现，出口增长中扩展边际的贡献为2/3，集约边际的贡献仅为1/3。康克斯（Kancs，2007）针对东南欧国家的研究也得到了类似的结论。菲伯梅尔和柯勒（Felbermayr and Kohler，2006）的研究进一步证实了扩展边际在贸易增长中的主导地位。另一些学者基于企业层面的调查数据也证明了扩展边际在出口增长中的重要性（Lawless，2010；Eaton et al.，2008）。此外，一些学者基于多产品企业角度，将企业内部产品范围的调整纳入扩展边际研究，得出了具有参考意义的结论。马诺瓦和张（Manova and Zhang，2009）针对中国的研究发现，中国的出口增长主要来自新企业进入和旧企业退出引起的出口增长（企业间扩展边际）、旧企业新增产品种类和新增出口市场引起的出口增长（企业内扩展边际）。显然，忽略企业内产品范围调整和出口市场调整带来的贸易利得，会严重低估扩展边际的贡献。钱学峰等（2013）利用微观企业匹配数据重新诠释了中国出口增长的源泉，企业内扩展边际作为中国出口增长的主导力量被首次揭示出来。

第三类文献强调不同贸易边际的共同推动作用。阿尔瓦雷斯和克拉洛（Álvarez and Claro，2007）将中国对智利的出口分解为产品价格、产品质量和产品种类，发现产品质量和种类是推动中国出口高速增长的主要原因，但是此研究仅仅将研究对象锁定在智利，从而无法全面揭示中国出口增长的源泉。因此，施炳展（2010）借鉴赫梅尔斯和克莱诺（Hummels and Klenow，2005）的分解方法，将中国出口贸易增长进行三元边际分解，并揭示 1995～2004 年间广度增长和数量增长共同推动了中国出口的增长，而价格边际对出口增长的贡献几乎为零。任博秋（2016）则在三元边际的基础上，进一步将广度增长分解为品种增长和企业增长，深入探讨了中国对美国的出口增长，并测算得出中国出口增长主要由数量增长和企业增长共同推动，价格增长和品种增长对出口增长的贡献较小。此外，一些学者重点考察了中国高技术产品出口增长的三元边际，得出了相似的结论。刘瑶和丁妍（2015）利用 2002～2013 年中国与 52 个国家和地区的贸易数据分析了中国 ICT 产品出口增长的三元边际，发现中国 ICT 产品出口增长是由数量边际和价格边际共同推动，且中国 ICT 产品出口增长正由数量拉动向价格拉动转变，部分产品已进入高端市场。这一结论与钟建军（2016）的结论高度一致。钟建军（2016）通过测度 1995～2013 年间中国高技术产品出口的三元边际，发现中国高技术产品的出口主要由价格边际和数量边际共同推动，而扩展边际的贡献接近于零。另外，从全世界范围来看，各国的出口增长主要是以广度扩张和数量扩张为主，且数量扩张呈现越来越明显的趋势，这一结论对于各国单边贸易、双边贸易和不同行业均成立（赵磊，2011）。具体见表 2–4。

表 2–4　　　　　　　　　　　　　　**出口贸易结构**

基本观点	国内外部分参考文献
支持集约边际的重要性	Felbermayr and Kohler，2006；Eaton et al.，2007；Amurgo-Pacheco and Pierola，2007；Helpman et al.，2007；Breton and Newfarmer，2007；Besedeš and Prusa，2011；Amiti and Freund，2011；Bernard et al.，2014；钱学峰，2010；钱学峰和熊平，2010；陈勇兵等，2012；等等
强调扩展边际的主导作用	Hillberry and McDaniel，2002；Kehoe and Ruhl，2003；Eaton et al.，2004；Kang，2004；Hummels and Klenow，2005；Kohler，2006；Kancs，2007；Pham and Martin，2007；Eaton et al.，2008；Manova and Zhang，2009；Felbermayr and Lawless，2010；钱学峰等，2013；等等
强调不同贸易边际的共同推动作用	Álvarez and Claro，2007；施炳展，2010；赵磊，2011；刘瑶和丁妍，2015；任博秋，2016；钟建军，2016；等等

三、出口贸易边际与工资溢价

国内外关于贸易边际与工资溢价的文献相对较少，研究起步也较晚，且大部分研究只是涉及出口工资对贸易边际的影响。王万珺等（2015）研究表明，单位劳动成本越高，企业的集约边际和扩展边际也相应越高，两者存在正相关关系。钱学峰等（2013）的研究也表明，企业出口工资越高，企业出口产品的范围越大，即工资水平与企业内扩展边际成正比。然而，理论界关于贸易边际对出口工资溢价影响的文献相对较为缺乏。赫梅尔斯和克莱诺（Hummels and Klenow，2005）研究发现，出口扩展边际与工人实际收入存在正相关关系，产品种类扩张会引起工人实际收入的增长。赵春燕和蔡瑶（2015）利用中国2000～2005年微观层面数据，将出口增长分解为扩展边际和集约边际，检验了不同贸易边际对企业工资水平的影响。结果表明，出口企业的工资溢价主要来源于扩展边际。刘慧（2015）基于要素密集度和所有制异质性视角，对中国制造业27个行业出口增长进行了二元边际分解，探讨了出口对中国制造业工资差距的影响，研究结果表明，扩展边际会降低行业工资差距，而集约边际会拉大行业工资差距。

四、述评

一方面，现有文献关于贸易边际的研究主要集中于宏观和中观层面，且对集约边际的概念较为统一，表现为现有企业和现有产品在单一方向上量的增长。然而，由于研究视角的不同，现有文献对扩展边际并没有统一的定义与标准。不管从企业层面、产品层面还是国家层面，对扩展边际的测算只反映某方面的增长，而忽略了另外两种可能引起扩展边际的因素，存在低估扩展边际的作用。另一方面，国内外关于贸易边际与工资溢价的研究相对较少，且大部分研究只是涉及出口工资对贸易边际的影响，至于贸易边际对工资溢价影响的文献几乎没有，即使有，也只是探讨二元边际对出口工资的影响。因此，如何对出口增长进行结构性分解，以全面反映扩展边际的贡献，并分别探讨价格边际、数量边际、产品种类边际与出口市场边际对出口工资溢价的影响，有待进一步研究。

第五节　出口国内增加值与工资溢价研究

一、出口国内增加值测算方法

有关出口国内增加值（domestic value-added）的测算方法，根据其使用数据的不同可以分为两大类。

第一类是基于非竞争性投入—产出表（即 I – O 表）的宏观测算方法。其中，最具代表性的是赫梅尔斯等（Hummels et al.，2001）首次提出的系统测度一国垂直专业化的 HIY 方法，该方法运用投入—产出表考察一国出口中包含的进口成分。但是，正如库普曼等（Koopman et al.，2010）指出的那样，HIY 方法隐含两个假设条件。第一，HIY 假定一国将进口中间品加工成半成品后又出口到国外的现象不存在，这一假设显然不符合现实。同时，HIY 也没有考虑从国外进口的中间品中可能包含的国内增值部分。第二，HIY 假定进口的中间产品等比例地用于国内最终产品和出口最终产品的生产。考虑到加工贸易在中国出口贸易中的重要性，这种假设在中国是不现实的。在加工贸易产品的生产过程中，进口材料的使用密集度要明显高于一般贸易出口产品和内销产品（Upward et al.，2013）。基于此，库普曼等（Koopman et al.，2008）放宽了 HIY 的第二个假设条件，考虑了加工贸易普遍存在的实际情况，并提出了 KWW 测算方法，他们将标准的非竞争性投入—产出表分解为一般贸易和加工贸易两类表，并设定了不同的投入产出系数矩阵，测算了中国的出口国内增加值率。王等（Wang et al.，2009）提出的 WWP 方法则放宽了 HIY 的第一个假设条件，有效拓展了 HIY 关于垂直专业化的测度方法，并利用国际投入产出模型构建了多国贸易核算框架。然而，WWP 法只对 HIY 的第一个假设条件进行放宽，并未考虑加工贸易情况。库普曼等（Koopman et al.，2010）则进一步放宽了 HIY 的两个假设条件，提出了 KPWW 测算方法，对一国在全球价值链上的价值创造进行深入剖析，建立了新型国际贸易增加值核算框架。其中，国内学者的研究主要在于方法的运用。黄先海等（2007）、林秀梅和唐乐（2015）、廖涵等（2016）等先后采取 HIY 方法测算一国垂直专业化程度。童伟伟和张建民（2013）基于 KPWW 方法考察了中国对美国出口中的国内增加值及其变动趋势。徐久香和方齐云（2013）基于 KWW 方法对中国出口产品的国内外增加值进行核算，发现中国出口产品的国内增值率虽不高，但却呈现出了上升趋势。另外，还有学者基于扩展的 KWW 方法，对中美制造业出口国内增加值进行了比较研究，结果表明中国出口国内增加值的增速超越美国，但出口增加值率却与美国有较大差距（刘似臣和张诗琪，2018）。

第二类是基于中国工业企业数据库和中国海关贸易数据库的微观测算方法。这类方法通过匹配两大数据库，从微观层面来测度企业出口的国内增加值或出口国内增加值率。奥普德等（Upward et al.，2013）基于微观

层面企业数据，用 KWW 方法测度了中国的出口国内增加值率，发现中国
出口国内增加值率在加工贸易企业和非加工贸易企业中存在显著差异，前者
的出口国内增加值率远远低于后者。但是，奥普德等（Upward et al.，2013）
的研究并未考虑国产中间投入品中的进口成分，也并未考虑贸易代理商问
题。基于此，张杰等（2013）在充分考虑上述问题后，有效测度了中国企
业的出口国内增加值率，结果表明，中国企业的出口国内增加值率从 2000
年的 48.93% 上升到 2006 年的 57.7%。吕越等（2015）进一步采用四种方
法测度了企业的出口国内增加值率。开易和唐（Kee and Tang，2012）在
考虑了企业之间存在的间接贸易和进口中间产品识别问题后，利用 2000 ~
2006 年中国工业企业数据库与中国海关贸易数据库，测算了中国加工贸易
的出口国内增加值率。佐等（Chor et al.，2014）利用中国工业企业数据
库、中国海关贸易数据库和中国投入产出表测算了中国企业在全球价值链
中的上游度，并考察了企业异质性特征变量与上游度的关系。李磊等
（2017）借鉴奥普德等（Upward et al.，2013）和张杰等（2013）的方法，
测算了企业参与全球价值链的程度，并考察了企业参与全球价值链对工人
工资水平的影响。具体见表 2 - 5。

表 2 - 5   出口国内增加值测算方法

测度方法	国内外部分参考文献
宏观测度方法	Hummels et al.，2001；Koopman et al.，2008；Wang et al.，2009；Koopman et al.，2010；北京大学中国经济研究中心课题组，2006；黄先海等，2007；李昕，2012；童伟伟和张建民，2013；徐久香和方齐云，2013；林秀梅和唐乐，2015；廖涵等，2016；刘似臣和张诗琪，2018；等等
微观测度方法	Kee and Tang，2012；Manova and Yu，2012；Upward et al.，2013；Chor et al.，2014；张杰等，2013；吕越等，2015；郑丹青和于津平，2015；陈继勇等，2016；李磊等，2017；等等

二、出口国内增加值与工资溢价

20 世纪 80 年代以来，全球贸易分工模式开始由产品间分工转向产品
内分工，传统的国家制造已经转变为"世界制造"，货物贸易也变成"任
务贸易"（Escaith and Inomata，2011）。在"世界制造"的时代，企业不再
提供全部产品，而仅仅负责其生产过程的某一个环节，其出口（或产出）
的价值包含来自国外进口的中间投入品，而纯粹由自身创造的价值（国内

增加值）仅占一部分，这部分恰恰是企业真正的贸易利得。由于企业本身的异质性，每个企业在参与全球价值链分工过程中的贸易利得有所差别，企业在全球价值链中的参与程度不同，其实际获得的利益分配也不同，劳动者能分享的利益也会有所差异。现有关于出口国内增加值与工资溢价的研究主要集中于行业层面。胡昭玲和李红阳（2016）首次从全球价值链分工位置研究其对中国行业工资差距的影响，认为分工位置的下滑扩大了行业内不同技能劳动者之间的工资差距。有学者基于全球价值链视角，考察了各国参与全球价值链对本国熟练劳动力与非熟练劳动力工资差距的影响，研究表明一国的全球价值链参与度显著影响了该国的工资差距（刘瑶，2016），且中国在全球价值链位置的变化缩小了高技术劳动者与中、低技术劳动者的工资差距（吴云霞和蒋庚华，2018）。徐国庆等（2018）的研究表明出口国内增加值对行业间和行业内工资差距具有正向影响，而进口国外增加值、价值链嵌入度对行业间和行业内工资差距具有反向影响。基于微观测算方法探讨出口国内增加值对企业出口工资溢价影响的研究相对较少。李磊等（2017）认为企业参与全球价值链促进了人均工资水平的提升，且出口国内增加值每提升1%，企业工人工资水平可以提高3.6%（陈继勇等，2016）。

三、述评

现有文献为我们进一步研究企业出口国内增加值与工资溢价关系提供了有益的借鉴。一方面，基于 I-O 表的宏观测算方法虽然能够解决间接进口的问题，但是却忽略了广泛存在的企业异质性问题（Melitz，2003），因此只能停留在行业层面的测算与统计描述，难以深入到其决定因素与变化机制的研究，而微观测算方法恰恰弥补了这些缺陷。另一方面，关于全球价值链嵌入对工资溢价影响的文献大部分是基于宏观测算方法，探讨全球价值链嵌入对行业工资差距的影响，而基于微观测算方法探讨企业出口国内增加值对企业出口工资溢价影响的文献较为缺乏，值得进一步研究与探讨。

第六节　对现有相关研究的总体述评

一、已有研究述评

现有研究从多角度考察了出口与工资溢价间的关系，为我们进一步研究贸易的工资效应提供了深刻的洞见。然而，现有研究也存在一些不足之处。

一是缺乏适合中国国情的出口工资溢价理论模型。国内关于出口与工资溢价的研究大部分是以实证分析为主，缺乏适合中国情境的理论做支撑，导致研究结论缺乏说服力。即使有，也只是单纯地考察出口规模扩张对工资溢价的影响机理，并未对出口增长进行结构性分解。事实上，出口增长路径不同，对工资溢价的具体影响机理也会有所差异。因此，忽略企业出口增长的结构性差异，将无法全面揭示出口对工资溢价的影响机理，如哪种边际导致了工资溢价、哪种边际抑制了工资溢价、哪种边际在起主导作用等。另外，传统的贸易总量统计方法只关注企业出口总量，而忽视了企业在出口中实际创造的价值，无疑会夸大中国在全球价值链中的贸易利得，不能客观和准确地反映贸易的工资效应。

二是贸易边际的概念界定不统一，存在低估扩展边际的作用。关于贸易边际的研究，现有文献主要集中于宏观和中观层面，且对集约边际的概念较为统一，表现为现有企业和现有产品在单一方向上量的增长。然而，由于研究视角的不同，现有文献对扩展边际并没有统一的定义与标准，不管从企业层面、产品层面还是国家层面，对扩展边际的测算只反映某一方面的增长，而忽略了另外两种可能引起扩展边际的因素。如就企业层面而言，扩展边际表现为新企业的进入和旧企业的退出，而不能反映原有企业产品种类的扩张，或者原有企业原有产品出口市场的扩张，存在低估扩展边际的作用。

三是缺乏出口企业间工资差距的经验研究。现有文献大多重点比较出口与非出口企业间的工资差距，即出口导致工资溢价、出口不能导致工资溢价以及出口与工资互为促进关系，而较少探讨出口对出口企业间工资差距的影响。即使有，也只是单纯地关注出口增长对工资溢价的影响，而忽视了出口增长的结构性差异，从而无法揭示出口增长路径的不同对出口工资溢价的影响。另外，现有研究很少从价值创造的角度，考察出口国内增加值对出口工资溢价的影响，不利于全面厘清出口与工资溢价间的关系。

二、未来可能的研究方向

有关出口工资溢价的文献研究已经硕果累累，但笔者认为关于出口工资溢价的研究仍然存在以下几个有待突破与完善的方向。

一是需要构建符合中国国情的出口工资溢价理论分析框架。2000~

2013 年间，中国出口年均增速高达 15.59%。然而，中国的出口增长主要依赖于数量边际和扩展边际，价格对出口增长几乎没有贡献（施炳展，2010）。考虑到中国出口增长结构的特殊性，有必要对企业出口增长进行结构性分解，分别探讨价格边际、数量边际、出口市场边际与产品种类边际对出口工资溢价的影响机理，如其影响机理是否一致、哪种边际在起主导作用、哪种边际导致了工资溢价、哪种边际抑制了工资溢价等，这些都值得进一步研究和探讨。另外，传统的贸易总量分析法严重高估了中国在全球价值链分工中的贸易利得，因此，如何从价值创造的角度探讨出口国内增加值对出口工资溢价的影响机理，是对现有理论分析框架的完善与发展。

二是需要进一步完善贸易边际的概念界定。关于出口贸易边际的研究，现有文献主要集中于宏观和中观层面，且由于研究视角的不同，现有文献对扩展边际并没有统一的定义与标准。不管从企业层面、产品层面还是国家层面，对扩展边际的测算只反映某一方面的增长，而忽略了另外两种可能引起扩展边际的因素。如就企业层面而言，扩展边际表现为新企业的进入和旧企业的退出，而不能反映原有企业产品种类的扩张，或者原有企业原有产品出口市场的扩张，存在低估扩展边际的作用。因此，如何对出口增长进行结构性分解，以便全面反映扩展边际的贡献，值得进一步研究和探讨。

三是需要进一步完善出口工资溢价的经验研究。首先，考虑到企业出口增长路径不同，对工资溢价的影响也会有所差异，因此，有必要从微观层面对企业的出口增长进行结构性分解，实证检验价格边际、数量边际、产品种类边际与出口市场边际对出口企业工资溢价的影响。其次，现有文献很少涉及企业出口国内增加值对工资溢价的影响，因此，有必要基于微观测算方法，深入探讨企业出口国内增加值对工资溢价的影响，进一步完善出口工资溢价的经验研究。最后，有必要在出口工资溢价的实证研究中加入更多的企业异质性特征变量，从而更加全面地、多角度地考察企业异质性对出口工资溢价的影响，进一步完善出口工资溢价的经验研究。

第三章

贸易边际、出口国内增加值对企业出口工资溢价的影响：理论分析

第一节　企业层面四元边际概念界定

一、四元边际的概念梳理

现有文献对扩展边际和集约边际的研究大多集中于宏观层面，且集约边际的概念较为统一，表现为现有企业和现有产品在单一方向上量的增长。然而，由于研究视角的不同，现有文献对扩展边际并没有统一的定义与标准。就企业层面而言，扩展边际表现为新企业进入和旧企业退出引起的出口扩张（Melitz，2003；Eaton et al.，2008；等等）。就产品层面而言，扩展边际表现为产品种类调整引起的出口扩张（Amiti and Freund，2011；Chaney，2008；等等）。就国家层面而言，扩展边际是指与新的国家建立新的贸易伙伴关系引起的出口扩张（Helpman et al.，2008；钱学峰，2008；等等）。此外，一些学者进一步将集约边际分解为价格边际和数量边际，将二元边际拓展为三元边际（Hummels and Klenow，2005；施炳展，2010；钟建军，2016；等等）。不管从企业层面、产品层面还是国家层面，对扩展边际的测算只反映某一方面的增长，而忽略了另外两种可能引起扩展边际的因素。如就企业层面而言，扩展边际表现为新企业的进入和旧企业的退出引起的出口扩张，而不能反映原有企业产品种类调整和出口市场调整

引起的企业内扩展边际，因此严重低估了扩展边际对出口增长的贡献。

二、企业层面四元边际的概念界定

本书基于微观企业层面数据，将企业的出口增长分解为价格边际、数量边际、产品种类边际和出口市场边际，因此，本书同时考虑了企业出口产品种类变动和出口市场变动引起的企业内扩展边际，不存在低估扩展边际的作用。为了简化理论模型的构建，本书从理论上对企业 j 在 t 期的出口贸易额 X_{jt} 分解为企业每个出口市场每种产品种类的平均出口数量 y_{jmt}，企业每种产品种类的平均价格 p_{jt}，出口产品种类数量 n_{jt} 和出口市场数量 m_{jt}，即：

$$X_{jt} = y_{jmt} \times p_{jt} \times n_{jt} \times m_{jt} \tag{3-1}$$

由此，本书将企业 j 在 t 期的出口额进行了四元分解，即产品数量、产品价格、产品种类和出口市场数量。进一步对上式两边取对数，即：

$$\ln X_{jt} = \ln y_{jmt} + \ln p_{jt} + \ln n_{jt} + \ln m_{jt}$$

$$\frac{d(\ln X_{jt})}{dt} = \frac{d(\ln y_{jmt})}{dt} + \frac{d(\ln p_{jt})}{dt} + \frac{d(\ln n_{jt})}{dt} + \frac{d(\ln m_{jt})}{dt} \tag{3-2}$$

式（3-2）表明，企业 j 在 t 期的出口增长率等于出口产品数量增长率（数量边际）、出口产品价格增长率（价格边际）、出口产品种类增长率（产品种类边际）和出口市场数量增长率（出口市场边际）之和。

第二节　出口工资溢价的微观理论分析框架

一、基本模型设定

本书将研究对象锁定在出口企业，出口企业在垄断竞争的国内市场和国外市场提供总量为 $y(y = y_d + y_x)$ 的不完全替代产品。假设存在 m + 1 个国家，劳动是唯一的生产要素，本国差异化部门的消费指数 Q 为：

$$Q = \left[\int_{j \in J} q(j)^\beta dj \right]^{\frac{1}{\beta}}, 0 < \beta < 1 \tag{3-3}$$

其中，$\sigma\left(\sigma = \dfrac{1}{1-\beta}\right)$ 表示不同企业产品间的不变替代弹性。由于本书是基

于多产品企业假设，即一个企业可以同时生产多种产品，因此，j 表示企业 j 生产的复合产品，J 表示差异化部门可供选择的商品集合，q(j) 表示消费者对企业 j 生产的复合产品的需求量，即：

$$q(j) = \left[\int_0^{n_j} q_j(i)^{\frac{\sigma-1}{\sigma}} di \right]^{\frac{\sigma-1}{\sigma}} \qquad (3-4)$$

其中，σ 表示同一企业不同产品种类间替代弹性，假设 $1 < \sigma < \varepsilon$，即不同企业间产品替代弹性小于同一企业不同产品间的替代弹性；n_j 表示企业 j 生产的产品种类数；$q_j(i)$ 表示消费者对企业 j 生产的 i 产品种类的需求量。假设本国差异化部门的价格指数 P 为：

$$P = \left[\int_{j \in J} p(j)^{-\frac{\beta}{1-\beta}} dj \right]^{-\frac{1-\beta}{\beta}} \qquad (3-5)$$

其中，本国差异化部门的总支出水平为 $E = P \times Q$，则根据梅里兹（Melitz, 2003）的研究，可求出反需求曲线：

$$q(j) = Q \left[\frac{p(j)}{P} \right]^{-\sigma}, \sigma = \frac{1}{1-\beta}$$

$$p(j) = q(j)^{-(1-\beta)} E^{1-\beta} P^{\beta}$$

$$\qquad = Aq(j)^{-(1-\beta)} \qquad (3-6)$$

其中，令 $A = E^{1-\beta} P^{\beta}$。

在探讨出口对工资溢价的作用机理时，赫尔普曼等（Helpman et al., 2010）的模型（该模型被后人简称为 HIR 模型，即三位作者姓名首字母的缩写）提供了很好的借鉴，该模型给出了出口、生产率异质性和劳动筛选成本异质性对企业工资影响的微观分析框架。但不足的是，HIR 模型只是单纯地考察出口对工资溢价的作用机理，并未对出口进行结构性分解，因此，本书在 HIR 模型的基础上进行了有效拓展。首先，本书放宽了 HIR 模型中企业单一产品的假设，认为企业出口产品种类会影响企业的产出水平，即企业生产的产品种类越多，工人就需要在不同的产品种类间进行转换，从而影响工人的劳动效率，进而会影响企业的产出水平。因此，企业 j 复合产品的产出水平为：

$$y(\varphi) = \varphi h^{\gamma} \bar{a} n_j^{\alpha_1} \qquad (3-7)$$

其中，n_j 表示企业 j 生产的产品种类数目；$\alpha_1 < 0$，即企业 j 生产的产品种类越多，则企业 j 的产出水平越低；h 表示企业雇用的工人人数；$\bar{a}$ 表示雇用工人的平均能力水平；γ 表示劳动产出弹性参数；φ 表示企业 j 的平均生产率水平，假设企业的生产率水平服从帕累托分布，即 $G(\varphi) = 1 - \left(\frac{\varphi_{min}}{\varphi} \right)^z$。

二、生产者行为决策

企业 j 向国内市场提供 $y_d(\varphi)$ 的产量水平，向国外市场提供 $y_x(\varphi)$ 的产量水平，且 $y_x(\varphi) = my_{xm}(\varphi) = y_{jm}(i) \times n_j \times m$。$y_{xm}(\varphi)$ 表示企业 j 向每一出口市场提供的产量，$y_{jm}(i)$ 表示企业 j 向每一出口市场提供每种产品种类的平均出口数量，m 表示企业 j 出口市场数量，且假设这些国家是对称的。企业 j 在国内市场的总收益为：

$$r_d(\varphi) = p_d(\varphi)q_d(\varphi)$$
$$= Aq_d(\varphi)^{-(1-\beta)}q_d(\varphi)$$
$$= Aq_d(\varphi)^\beta$$

由于在国内市场上对企业 j 产品的消费数量就等于企业 j 向国内市场提供的产量，因而有：

$$r_d(\varphi) = Ay_d(\varphi)^\beta \tag{3-8}$$

企业 j 在出口市场的总收益为：

$$r_x(\varphi) = mr_{xm}(\varphi)$$
$$= mA^* q_{xm}(\varphi)^\beta$$

其中，$A^* = E^{*1-\beta}P^{*\beta}$，$q_{xm}(\varphi)$ 表示某一出口市场消费者对企业 j 生产的复合产品的需求量，由于冰山成本 τ 的存在，即企业 j 要出口一单位产品到某一出口市场，必须装运 $\tau(\tau > 1)$ 单位的产品，τ 与运输费用、关税等相关。因此，消费者要消费 $q_{xm}(\varphi)$ 单位的产品，企业必须装运 $q_{xm}(\varphi)\tau$ 单位的产品，即企业的出口产品产量 $y_{xm}(\varphi) = q_{xm}(\varphi)\tau$，即 $q_{xm}(\varphi) = \frac{y_{xm}(\varphi)}{\tau}$，$r_{xm}(\varphi)$ 为企业 j 出口到某一市场的销售收入。由此可得：

$$r_x(\varphi) = mA^* \left[\frac{y_{xm}(\varphi)}{\tau}\right]^\beta$$
$$= mA^* \left[\frac{y_x(\varphi)}{m\tau}\right]^\beta$$
$$= m^{1-\beta}A^* \left[\frac{y_x(\varphi)}{\tau}\right]^\beta \tag{3-9}$$

企业选择在国内市场提供 $y_d(\varphi)$ 的产出水平，在出口市场提供 $y_x(\varphi)$ 的产出水平，使国内市场销售边际收入等于出口市场销售边际收入。由此可得：

$$\left[\frac{y_d(\varphi)}{y_x(\varphi)}\right]^{\beta-1} = m^{1-\beta}\tau^{-\beta}\left(\frac{A^*}{A}\right) \qquad (3-10)$$

企业总产出水平为:

$$y(\varphi) = y_d(\varphi) + y_x(\varphi) \qquad (3-11)$$

将式 (3-10) 代入式 (3-11), 求得:

$$y_d(\varphi) = \frac{y(\varphi)}{1 + m\tau^{\frac{-\beta}{1-\beta}}\left(\frac{A^*}{A}\right)^{\frac{1}{1-\beta}}}$$

令 $\phi = \tau^{\frac{-\beta}{1-\beta}}\left(\frac{A^*}{A}\right)^{\frac{1}{1-\beta}}$, 则 $y_d(\varphi) = \frac{y(\varphi)}{1+m\phi}$, $y_x(\varphi) = \frac{m\phi}{1+m\phi}y(\varphi)$。因而有:

$$\frac{y_x(\varphi)}{y_d(\varphi)} = m\phi \qquad (3-12)$$

企业 j 在进入差异化部门时, 必须投入相应的生产要素, 本书假设劳动是唯一的生产要素。因此, 企业要进入该部门, 必须雇用一定数量的劳动力。由于劳动市场存在摩擦, 企业在获取劳动时必须支付相应的成本, 且不同企业支付的成本是不同的, 企业规模大小、产品复杂程度、产品技术含量等都会影响企业获取劳动的成本。根据赫尔普曼等 (Helpman et al., 2010) 的研究, 企业在劳动市场中要经过搜索 (searching) 和匹配 (screening) 两个步骤来筛选劳动力。第一步, 企业从劳动市场中搜寻出 n 个工人, 每个工人的搜寻成本为 b, 则企业劳动搜寻成本 $C_s = bn$。第二步, 企业从搜寻出的 n 个工人中匹配出符合企业要求的工人数量 h。一方面, 由于企业产品质量越高, 对工人的能力要求越高, 企业相应的劳动筛选匹配成本也越高。因此, 本书在 HIR 模型的劳动匹配成本中加入企业产品质量 q。另一方面, 由于高新技术制造业比传统制造业拥有更高的出口国内增加值率 (徐久香和方齐云, 2013), 这意味着企业出口国内增加值不同, 对工人技术水平的要求也不同, 企业相应的劳动筛选匹配成本也不同。因此, 本书在 HIR 模型的劳动匹配成本中加入企业出口国内增加值 v。此外, 由于其他劳动筛选成本异质性特征变量, 如企业规模、企业绩效、要素密集度、企业创新能力等都会影响企业劳动筛选匹配成本, 因此, 本书在 HIR 模型的劳动匹配成本中加入了除产品质量和出口国内增加值外的其他劳动筛选成本异质性变量 η, 从而有效拓展了 HIR 模型。由此, 得到企业的劳动匹配成本为:

$$C_m = \eta^{\alpha_2} q^{\alpha_3} v^{\alpha_4} a_c^{\delta}/\delta \qquad (3-13)$$

其中, q 为企业产品质量; v 为企业出口国内增加值; η 为其他劳动筛选成本异质性变量，如企业规模、企业绩效、要素密集度、企业创新能力、出口补贴等；δ 为常数；a_c 为企业要求的工人最低能力水平，由于不同企业需要的工人能力水平不同，因而 a_c 不同，支付的劳动匹配成本也不同。假设工人的能力服从帕累托分布，即 $G(a) = 1 - \left(\dfrac{a_{min}}{a}\right)^k$，$0 < a_{min} \leqslant a$，$k > 1$，$a_{min}$ 为劳动市场中最低的能力水平，k 为劳动能力的帕累托分布参数。由于劳动能力服从帕累托分布，因此，企业匹配成功的工人人数为：

$$h = n[1 - G(a)]$$
$$= n\left(\frac{a_{min}}{a_c}\right)^k \tag{3-14}$$

而匹配成功的工人平均能力水平为：

$$\bar{a} = \frac{\int_{\bar{a}}^{\infty} na\,dG(a)}{h}$$
$$= \frac{k}{k-1}a_c \tag{3-15}$$

将式（3 – 14）、式（3 – 15）代入式（3 – 7），求得：

$$y(\varphi) = \varphi\left[n\left(\frac{a_{min}}{a_c}\right)^k\right]^{\gamma}\left(\frac{k}{k-1}a_c\right)n_j^{\alpha_1}$$
$$= k_y\varphi n^{\gamma}a_c^{1-k\gamma}n_j^{\alpha_1}, 0 < rk < 1 \tag{3-16}$$

其中，$k_y = \dfrac{k}{k-1}a_{min}^{\gamma k}$。因此，企业 j 的总收益为：

$$r(\varphi) = r_d(\varphi) + r_x(\varphi)$$
$$= Ay_d(\varphi)^{\beta} + m^{1-\beta}A^*\left[\frac{y_x(\varphi)}{\tau}\right]^{\beta}$$
$$= Ay_d(\varphi)^{\beta}(1 + m\phi)$$
$$= Ay(\varphi)^{\beta}(1 + m\phi)^{1-\beta} \tag{3-17}$$

根据斯特和特里格洛斯（Stole and Zwiebel，1996）的研究，企业和工人可以进行工资议价，分享企业销售收入，议价的结果是企业会雇用工人，直到雇用最后一个工人的边际收益等于雇用工人付出的边际成本为止。假设工人能分享到的收入份额为 a，企业能分享到的收入份额为 $1 - a$，则有：

$$\frac{\partial(1-a)r(\varphi)}{\partial h} = w$$

$$(1-a)A(1+m\phi)^{1-\beta}(\varphi h^{\gamma}\bar{a}\,n_j^{\alpha_1})^{\beta}\gamma\beta = wh$$

$$(1 - a)r(\varphi)\gamma\beta = wh \tag{3-18}$$

由于工人分享的收入份额为 a，$wh = ar(\varphi)$，解得 $a = \dfrac{\gamma\beta}{1 + \gamma\beta}$，因此，

工人分享的收入份额为 $\dfrac{\gamma\beta}{1 + \gamma\beta}$，企业能分享的收入份额为 $\dfrac{1}{1 + \gamma\beta}$。

由于企业进入差异化部门的固定成本为 f_d，进入每一个出口市场的固定成本为 f_x，劳动市场搜寻成本为 C_s，匹配成本为 C_m，而这些都属于沉没成本。因此，企业的利润最大化问题为：

$$\max\pi(\varphi) = \frac{1}{1 + \gamma\beta}r(\varphi) - bn - \frac{\eta^{\alpha_2}q^{\alpha_3}v^{\alpha_4}a_c^{\delta}}{\delta} - f_d - mf_x$$

$$= \frac{1}{1 + \gamma\beta}A(1 + m\phi)^{1-\beta}(k_y\varphi n^{\gamma}a_c^{1-k\gamma}n_j^{\alpha_1})^{\beta} - bn - \frac{\eta^{\alpha_2}q^{\alpha_3}v^{\alpha_4}a_c^{\delta}}{\delta}$$

$$- f_d - mf_x \tag{3-19}$$

三、均衡工资水平的决定

对搜寻的工人人数 n 和企业要求工人的最低能力水平 a_c 求一阶导数，即：

$$\frac{\beta\gamma}{1 + \beta\gamma}r(\varphi) = bn \tag{3-20}$$

$$\frac{\beta(1 - \gamma k)}{1 + \beta\gamma}r(\varphi) = \eta^{\alpha_2}q^{\alpha_3}v^{\alpha_4}a_c^{\delta} \tag{3-21}$$

由式（3-20）和式（3-21）求得：

$$n = \frac{\gamma}{1 - \gamma k}\eta^{\alpha_2}q^{\alpha_3}v^{\alpha_4}a_c^{\delta}b^{-1} \tag{3-22}$$

由式（3-20）求得：

$$\frac{\beta\gamma}{1 + \beta\gamma}A(1 + m\phi)^{1-\beta}(k_y\varphi n^{\gamma}a_c^{1-k\gamma}n_j^{\alpha_1})^{\beta} = bn$$

将式（3-22）中的 n 代入上式，解得：

$$a_c = B(1 + m\phi)^{(1-\beta)T}\varphi^{\beta T}n_j^{\alpha_1\beta T\delta}\eta^{\alpha_2(\gamma\beta-1)T}q^{\alpha_3(\gamma\beta-1)T}v^{\alpha_4(\gamma\beta-1)T}b^{-\gamma\beta T} \tag{3-23}$$

其中，$T = \dfrac{1}{\delta(1 - \gamma\beta) - (1 - \gamma k)\beta}$，$B = \left(\dfrac{\beta\gamma}{1 + \beta\gamma}\right)^{T}\left(\dfrac{\gamma}{1 - \gamma k}\right)^{(\gamma\beta-1)T}A^T k_y^{\beta T}$，T

和 B 为常数。由此可见，企业要求的工人最低能力水平与企业的平均生产率水平 φ、企业生产的产品种类数目 n_j、产品质量 q、企业出口国内增加值 v、企业出口市场数量 m、其他劳动筛选成本异质性 η 以及劳动市场搜

索成本 b 相关。

将 a_c 代入式（3-22），求得：

$$n = C(1+m\phi)^{(1-\beta)T\delta}\varphi^{\beta T\delta}n_j^{\alpha_1\beta T\delta}\eta^{\alpha_2(\gamma\beta-1)T\delta+\alpha_2}q^{\alpha_3(\gamma\beta-1)T\delta+\alpha_3}v^{\alpha_4(\gamma\beta-1)T\delta+\alpha_4}b^{-1-\gamma\beta T\delta}$$

$$(3-24)$$

其中，$C = \dfrac{\gamma}{1-\gamma k}B^{\delta}$。同样，企业 j 搜寻的工人人数与企业的平均生产率水平 φ、企业生产的产品种类数目 n_j、产品质量 q、企业出口国内增加值 v、企业出口市场数量 m、其他劳动筛选成本异质性 η 以及劳动市场搜索成本 b 相关。求出 a_c 和 n 之后，可以进一步求出企业匹配成功的工人人数 h，即：

$$h = n\left(\frac{a_{min}}{a_c}\right)^k$$

$$= B^{-k}Ca_{min}^k(1+m\phi)^{T(1-\beta)(\delta-k)}\varphi^{\beta T(\delta-k)}n_j^{\alpha_1\beta T(\delta-k)}\eta^{\alpha_2 T(\gamma\beta-1)(\delta-k)+\alpha_2}$$

$$q^{\alpha_3 T(\gamma\beta-1)(\delta-k)+\alpha_3}v^{\alpha_4 T(\gamma\beta-1)(\delta-k)+\alpha_4}b^{\gamma\beta T(k-\delta)-1}$$

$$(3-25)$$

其中，企业匹配成功的工人人数与企业的平均生产率水平 φ、企业生产的产品种类数目 n_j、产品质量 q，企业出口国内增加值 v、企业出口市场数量 m、劳动市场中工人能力水平的最低值 a_{min}、其他劳动筛选成本异质性 η 以及劳动市场搜索成本 b 相关。

根据斯特和特里格洛斯（Stole and Zwiebel，1996）的研究，员工与企业进行讨价还价，最终产生的均衡工资为：

$$w = \frac{\dfrac{\beta\gamma}{1+\beta\gamma}r(\varphi)}{h}$$

$$= \frac{\dfrac{\beta\gamma}{1+\beta\gamma}Ay(\varphi)^{\beta}(1+m\phi)^{1-\beta}}{h}$$

$$= Dy_{jm}(i)^{\beta}\varphi^{\beta T(k-\delta)}n_j^{\alpha_1\beta T(k-\delta)}\eta^{\alpha_2 T(\gamma\beta-1)(k-\delta)-\alpha_2}q^{\alpha_3 T(\gamma\beta-1)(k-\delta)-\alpha_3}$$

$$v^{\alpha_4 T(\gamma\beta-1)(k-\delta)-\alpha_4}(1+m\phi)^{T(1-\beta)(k-\delta)+1}b^{\gamma\beta T(\delta-k)+1}$$

$$(3-26)$$

其中，$D = \dfrac{\beta\gamma}{1+\beta\gamma}AB^kC^{-1}a_{min}^{-k}\phi^{-\beta}$，对所有的企业而言，D 都是一样的，因此，将 D 作为一个常数。由此可见，出口企业均衡的工资水平与企业出口数量 $y_x(\varphi)$（数量边际）成正比，即企业出口数量越多，工人的工资水平也越高。同时，出口企业均衡的工资水平会受企业出口产品种类 n_j、企业产品质量 q、出口市场数量 m 和企业出口国内增加值 v 的影响，但具体的影响方向有待进一步证实。除此之外，出口企业均衡的工资水平还取决于企业平均生产率水平 φ，其他劳动筛选成本异质性 η，劳动市场搜寻成本 b。由此，本书基于全球价值链嵌入视角，对企业 j 的出口额进行了四元分解，即产品数量、产品价格、产品种类和出口市场数量，并构建了出口工资溢价微观理论分析框架。进一步对式（3－26）取对数，可得：

$$\ln w = \beta_0 + \beta_1 \ln y_x(\varphi) + \beta_2 \ln n_j + \beta_3 \ln q + \beta_4 \ln(1 + m\varphi) + \beta_5 \ln v$$
$$+ \beta_6 \ln\varphi + \beta_7 \ln\eta + \beta_8 \ln b \qquad\qquad (3-27)$$

其中，β_0 为常数项、β_i 为回归参数，是线性化过程中形成的参数代数式的简化替代。

第三节　本章小结

在探讨出口对工资溢价的影响机理时，赫尔普曼等（Helpman et al.，2010）的模型（简称 HIR 模型，即三位作者姓名首字母的缩写）提供了很好的借鉴，该模型给出了出口、生产率异质性和劳动筛选成本异质性对企业出口工资影响的微观分析框架。本章在 HIR 模型的基础上做了如下拓展。

一是由企业单一产品假设拓展为多产品企业假设。结合现实中企业往往出口多种产品的事实，本书将企业单一产品假设拓展为多产品企业假设。本书认为企业出口产品种类会影响企业的产出水平，即企业生产的产品种类越多，工人就需要在不同的产品种类间进行转换，从而影响工人的劳动效率，进而会影响企业的产出水平。因此，本书将企业产品种类有效地纳入出口工资溢价微观理论分析框架中。

二是在劳动匹配成本中加入了产品质量和出口国内增加值。本书认为，企业出口的产品质量越高，对工人能力要求越高，企业相应的劳动筛选成本也越高。另外，由于高新技术制造业比传统制造业拥有更高的出口国内增加值率，这意味着企业出口国内增加值不同，对工人技术水平的要求也不同，企业相应的劳动筛选匹配成本也不同。因此，本书在劳动匹配成本中加入了产品质量和出口国内增加值。

三是由单一出口市场假设拓展为多出口市场假设。一方面，企业出口市场越多，意味着企业出口总销量和总收益越高，企业利润相应地也越高，支付给工人的工资水平也相应越高。另一方面，企业进入每一出口市场都存在巨额的固定沉没成本，一旦企业在新出口市场上出口量的增加不足以弥补这些巨大的出口沉没成本，企业的盈利水平反而会下降，工人工资水平也会相应下降。因此，本书将出口市场数量纳入出口工资溢价理论模型中。

与 HIR 模型相同的是，拓展模型结果表明早期研究中所关注的出口、企业生产率异质性会对出口工资溢价产生影响，劳动筛选成本异质性也会对出口工资溢价产生影响。与 HIR 模型不同的是，本书基于全球价值链嵌入视角，考察了出口国内增加值对企业出口工资溢价的影响机理。同时，本书在对出口进行结构性分解的基础上，分别探讨了产品数量（数量边际）、产品价格（价格边际）、产品种类（产品种类边际）和出口市场数量（出口市场边际）对企业出口工资溢价的影响机理。此外，本书在劳动筛选匹配成本中加入了其他企业异质性变量，在后续的实证研究中可以用企业规模、企业绩效、要素密集度、创新能力、出口补贴、企业年龄等作为代理变量，从而更加全面地、多角度地考察出口对工资溢价的影响，有效地拓展了出口工资溢价理论研究，找到了更多影响出口工资溢价的异质性因素。

第四章

企业层面贸易边际与出口国内增加值的分解测度

第一节 企业层面四元边际的分解与测度

一、企业层面四元边际分解

本书在上述理论模型构建中，将企业出口额进行了四元分解，即产品数量、产品价格、产品种类和出口市场数量，从而有效地将三元边际拓展为四元边际，并进一步揭示了企业出口结构性差异对工资溢价的不同影响。然而，上述理论模型简化了企业出口增长四元边际的分解。在实证分析部分，为了更精确地反映企业出口增长的结构性差异，本书基于微观企业层面数据，借鉴了钱尼（Chaney，2008）以及阿米提和弗洛伊德（Amiti and Freund，2011）关于二元边际的分解方法，将企业 j 的出口增长分解为质量边际（价格边际）、数量边际、产品种类边际和出口市场边际，将二元边际拓展为四元边际。

首先，我们定义企业 j 在 t 期的价格边际和数量边际：

$$PM_j = \frac{\sum_{i \in I}(P_{it} - P_{it-1})x_{it}}{\sum_i X_{it-1}} \tag{4-1}$$

$$QM_j = \frac{\sum_{i \in I}(x_{it} - x_{it-1})P_{it-1}}{\sum_i X_{it-1}} \tag{4-2}$$

其中，I 表示企业 j 在 t−1 期和 t 期对同一出口市场出口的重叠产品种类集合；$\sum_i X_{it-1}$ 表示企业 j 在 t−1 期的总出口额；P_{it} 和 x_{it} 分别表示产品种类 i 在 t 期的出口价格和出口数量；P_{it-1} 和 x_{it-1} 分别表示产品种类 i 在 t−1 期的出口价格和出口数量。因此，质量边际（价格边际）表示企业 j 原有出口市场、原有出口产品种类由于价格变动引起的出口增长；数量边际表示企业 j 原有出口市场、原有出口产品种类由于数量变动引起的出口增长。质量边际和数量边际反映了企业原有出口市场、原有出口产品种类由于数量或价格变动引起的出口扩张，属于集约边际。

其次，我们定义企业 j 在 t 期的种类边际和出口市场边际：

$$VM_j = \frac{\sum_{i \in V_{t-1}^N} X_{it} - \sum_{i \in V_{t-1}^D} X_{it-1}}{\sum_i X_{it-1}} \qquad (4-3)$$

$$MM_j = \frac{\sum_{i \in M_{t-1}^N} X_{it} - \sum_{i \in M_{t-1}^D} X_{it-1}}{\sum_i X_{it-1}} \qquad (4-4)$$

其中，V_{t-1}^N 表示企业 j 原有出口市场上 t−1 期不出口，而 t 期出口的产品种类集合，即 t 期原有出口市场上新增的产品种类集合；V_{t-1}^D 表示企业 j 原有出口市场上 t−1 期出口，而 t 期不出口的产品种类集合，即 t 期原有出口市场上退出的产品种类集合；X_{it} 表示企业 j 在 t 期出口的产品种类 i 的出口额，X_{it-1} 表示企业 j 在 t−1 期出口的产品种类 i 的出口额，$\sum_{i \in V_{t-1}^N} X_{it}$ 表示企业 j 原有出口市场上在 t 期所有新增产品种类的出口额，$\sum_{i \in V_{t-1}^D} X_{it-1}$ 表示企业 j 原有出口市场上在 t 期所有退出的产品种类的出口额。另外，M_{t-1}^N 表示企业 j 在 t 期新增的出口市场集合，M_{t-1}^D 表示企业 j 在 t 期退出的出口市场集合；$\sum_{i \in M_{t-1}^N} X_{it}$ 表示企业 j 在 t 期所有新增出口市场的出口额，$\sum_{i \in M_{t-1}^D} X_{it-1}$ 表示企业 j 在 t 期由于退出某些出口市场而下降的出口额。因此，种类边际表示企业 j 原有出口市场出口产品种类变动引起的出口增长；出口市场边际表示企业 j 出口市场变动引起的出口增长。种类边际和出口市场边际反映了企业由于出口产品种类调整或者出口市场调整引起的出口变动，属于企业内扩展边际。

至此，我们可以将企业 j 在 t 期的出口增长分解为价格边际、数量边际、产品种类边际和出口市场边际，即：

$$growth_j = PM_j + QM_j + VM_j + MM_j \qquad (4-5)$$

由式（4−5）可知，企业 j 在 t 期的出口增长可能是企业出口产品价格的变动引起的（价格边际），也可能是出口数量、种类或出口市场的变动引起的（数量边际、产品种类边际或出口市场边际），抑或是多种边际的共同作用。

二、企业层面四元边际测度

在对企业出口增长进行结构性分解后，本部分利用 2000~2013 年中国海关进出口贸易数据库（数据库详情见第五章）对企业出口增长进行了四元边际测度[①]。由于 2010 年数据质量存在质疑（谭语嫣等，2017；王万珺和刘小玄，2018；洪静等，2017），本部分没有将该年纳入研究范围（具体说明见第五章）。具体操作过程中，本部分首先保留了海关数据库中连续两年出口的企业，其次按照上述分解方法对企业出口增长的四元边际进行测度，最后本书剔除了价格边际、产品种类边际、出口市场边际低于 5% 分位数和高于 95% 分位数的异常值，并对处理后的数据做了进一步分析。

（一）总体情况

表 4-1 显示了样本考察期内企业出口增长四元边际的总体平均值。总体而言，大部分年份，价格边际、数量边际、产品种类边际和出口市场边际均为正数。具体而言，2001 年企业价格边际、产品种类边际、出口市场边际均为负数，只有数量边际为正数，这说明加入 WTO 之前，中国大部分出口企业采取粗放型的数量扩张战略。2002 年，加入 WTO 后的第一年，大部分企业开始出口新的产品种类，并积极开拓海外市场，因此 2002 年企业产品种类边际和出口市场边际较 2001 年有了大幅度的提升。在此后的 6 年时间里，价格边际（2003 年除外）、数量边际、产品种类边际、出口市场边际均对出口增长做出了贡献，企业通过价格提升、数量扩张、新产品研发和出口市场开拓带来了出口的增长。然而，由于 2008 年全球金融危机的影响，2009 年企业价格边际、数量边际、产品种类边际和出口市场边际都出现了大幅度下滑，并引起出口的大幅度下降。金融危机造成了企业出口产品价格下降、出口数量萎缩、产品种类减少和出口市场的退出。2011年，出口企业开始慢慢复苏，企业价格边际、数量边际、产品种类边际和

---

①　虽然本部分采用 2001~2013 年的数据进行企业出口增长四元边际测度，但由于计算企业出口增长的四元边际需要上一年的企业出口数据，因此涉及 2000~2013 年的企业数据。

出口市场边际开始转为正数，且数值接近 2008 年的水平。

表 4 - 1　　　　　　　2001～2013 年企业出口增长四元边际的测度

年份	价格边际	数量边际	产品种类边际	出口市场边际	样本数（家）
2001	- 0. 0225	0. 4447	- 0. 1396	- 0. 5930	30885
2002	- 0. 0311	0. 1180	0. 0302	0. 0334	42060
2003	- 0. 0071	0. 2036	0. 0346	0. 0450	48177
2004	0. 0253	0. 2026	0. 0433	0. 0545	52373
2005	0. 0166	0. 0545	0. 0504	0. 0571	69768
2006	0. 0206	0. 2202	0. 0675	0. 0647	70831
2007	0. 0201	0. 0736	0. 1040	0. 1082	81064
2008	0. 0750	0. 0741	0. 0483	0. 0634	103149
2009	- 0. 0313	- 0. 0290	- 0. 0027	- 0. 0124	109883
2011	0. 0650	0. 0826	0. 0408	0. 0503	132261
2012	0. 0020	- 0. 0140	- 0. 0044	- 0. 0232	112083
2013	- 0. 0101	0. 0698	0. 0122	0. 0152	169468

（二）不同所有制企业出口增长四元边际测度

从表 4 - 2 可以看出，首先，从不同所有制企业数量上看，连续两年出口的企业中，国有企业数量总体上呈现下降趋势。相比国有企业和民营企业，外资企业的数量是最多的，且呈现逐年上升趋势，但受 2008 年全球金融危机的影响，2009 年外资企业数量开始下降。而民营企业数量增加得最快，由 2001 年的 840 家增加到 2013 年的 29100 家，增长了 33 倍多。其次，从不同所有制企业贸易边际看，国有企业价格边际最小，即国有企业由于价格变动带来的出口增长是最小的，说明国有企业出口产品质量还有待进一步提升。2006 年及之前，国有企业数量边际一直是最小的，但从 2007 年开始，外资企业数量边际开始急剧下降，且在以后的年度一直为负数。民营企业无论是产品种类边际还是出口市场边际都远远高于国有企业和外资企业，说明民营企业在产品创新和市场开拓方面具有明显的优势。这可能是由于相比国有企业和外资企业，民营企业面临的竞争压力更大，为了在激烈的市场竞争中存活下来，也为了获取更多的利润，它们不断创新，不断开拓新市场，为自己赢得更多的机会。而外资企业的价格边际是最高的，即外资企业由于出口产品价格变动带来的出口增长是最多的，这也说明外资企业在出口产品质量方面具有一定的优势。这显然也是符合实际情况的，相较于国有企业和民营企业，外资企业拥有先进的技术和研发能力，因此，其出口产品的技术含量也较高。

表4-2　　　　2001~2013年不同所有制企业出口增长四元边际的测度

年份	企业性质	价格边际	数量边际	产品种类边际	出口市场边际	样本数（家）
2001	国有企业	-0.0231	0.3203	-0.1322	-0.4560	6056
	外资企业	-0.0224	0.5012	-0.1454	-0.6374	21294
	民营企业	-0.0307	0.3910	-0.1068	-0.5133	840
2002	国有企业	-0.0518	0.0758	0.0296	0.0140	7634
	外资企业	-0.0232	0.1115	0.0268	0.0305	29513
	民营企业	-0.0540	0.3370	0.0633	0.1077	1966
2003	国有企业	-0.0229	0.1337	0.0387	0.0322	7397
	外资企业	0.00010	0.1875	0.0273	0.0352	32520
	民营企业	-0.0285	0.4253	0.0719	0.1124	4916
2004	国有企业	0.0151	0.0970	0.0352	0.0293	6297
	外资企业	0.0289	0.1954	0.0363	0.0425	33378
	民营企业	0.0182	0.3187	0.0740	0.1087	9525
2005	国有企业	0.0062	0.0092	0.0267	0.0282	6926
	外资企业	0.0222	0.0201	0.0410	0.0375	40390
	民营企业	0.0086	0.1521	0.0825	0.1112	18842
2006	国有企业	0.0031	0.1231	0.0545	0.0363	5896
	外资企业	0.0306	0.2089	0.0557	0.0465	38637
	民营企业	0.0091	0.2710	0.0915	0.1038	23091
2007	国有企业	0.0090	0.1668	0.0984	0.0967	5473
	外资企业	0.0269	-0.0872	0.0599	0.0509	41207
	民营企业	0.0134	0.2699	0.1636	0.1817	30990
2008	国有企业	0.0745	-0.0091	0.0317	0.0159	5585
	外资企业	0.0777	-0.0274	0.0259	0.0207	43188
	民营企业	0.0728	0.0331	0.0406	0.0478	32171
2009	国有企业	-0.0413	-0.0952	-0.0384	-0.0419	4945
	外资企业	-0.0101	-0.1362	-0.0105	-0.0198	38537
	民营企业	-0.0382	-0.0650	-0.0110	-0.0341	29015

年份	企业性质	价格边际	数量边际	产品种类边际	出口市场边际	样本数（家）
2011	国有企业	0.0658	0.0257	0.0285	0.0193	4232
	外资企业	0.0706	− 0.0137	0.0199	0.0116	34032
	民营企业	0.0694	0.0329	0.0285	0.0230	25687
2012	国有企业	− 0.0094	− 0.0299	− 0.0173	− 0.0297	2949
	外资企业	0.0144	− 0.0591	− 0.0017	− 0.0141	25851
	民营企业	0.0008	− 0.0374	− 0.0105	− 0.0278	20447
2013	国有企业	− 0.0243	0.0023	− 0.0018	− 0.0082	3832
	外资企业	− 0.0045	− 0.0167	0.0037	− 0.0022	32250
	民营企业	− 0.0101	0.0078	0.0030	− 0.0110	29100

（三）不同地区企业出口增长四元边际测度

从表4-3可以看出，首先，从不同地区企业数量上看，连续两年出口的企业中，东部地区企业数量占绝对优势，并且呈现逐年递增趋势（2012年除外）。西部和中部地区连续两年出口的企业数量虽然较少，但也保持了逐年增长的趋势，且中部地区企业数量增长更快。其次，从不同地区企业贸易边际看，2007年及之前，东部地区企业产品种类边际和出口市场边际逐年递增，说明东部地区企业自2001年来一直在开拓新的出口市场和开发新的产品种类，企业由于新增出口产品种类和新增出口市场带来持续的出口增长。然而，2008年开始，东部地区企业产品种类边际和出口市场边际开始下降，到2011年出现短暂反弹后又开始大幅度波动。中部地区企业的出口市场边际在大部分年份都高于东部与西部地区企业，说明中部地区企业由于出口市场变动带来的出口增长要高于东部与西部地区企业。这可能是由于中部地区的对外开放程度远远低于东部沿海地区，也低于西部地区，其出口额基数相对较低，因此更容易通过开拓新的海外市场获得较高的增长。西部地区产品种类边际的变动趋势基本上与东部地区保持一致，2007年及之前，西部地区企业产品种类边际基本保持逐年递增的趋势，说明西部地区企业一直在致力于开拓新的出口产品。2008年开始，西部地区产品企业种类边际开始下降，2011年出现短暂反弹后又开始大幅度下降，并由正数转为负数，随后又开始反弹。不管是东部、西部还是中部地区企业，大部分年份其数量边际都远远高于价格边际、产品种类边际和出口市场边际，这也说明了各地区企业的出口增长主要还是依赖于出口数量的扩张。

表 4 - 3　　　　2001 ~ 2013 年不同地区企业出口增长四元边际的测度

年份	企业性质	价格边际	数量边际	产品种类边际	出口市场边际	样本数（家）
2001	东部	- 0. 0248	0. 4974	- 0. 1412	- 0. 5851	24602
	西部	- 0. 0170	0. 4016	- 0. 1037	- 0. 5245	1235
	中部	- 0. 0241	0. 3454	- 0. 1218	- 0. 5529	1794
2002	东部	- 0. 0305	0. 1136	0. 0309	0. 0330	37251
	西部	- 0. 0358	0. 1526	0. 0275	0. 0312	1949
	中部	- 0. 0364	0. 1504	0. 0221	0. 0399	2853
2003	东部	- 0. 0076	0. 2041	0. 0350	0. 0443	42865
	西部	- 0. 0080	0. 2061	0. 0261	0. 0533	2159
	中部	0. 0008	0. 1949	0. 0352	0. 0482	3153
2004	东部	0. 0235	0. 2091	0. 0442	0. 0554	47592
	西部	0. 0417	0. 1177	0. 0309	0. 0453	1817
	中部	0. 0443	0. 1497	0. 0351	0. 0462	2934
2005	东部	0. 0166	0. 0543	0. 0510	0. 0576	62303
	西部	0. 0208	0. 0433	0. 0422	0. 0427	3058
	中部	0. 0135	0. 0645	0. 0484	0. 0608	4407
2006	东部	0. 0216	0. 2192	0. 0681	0. 0636	63021
	西部	0. 0177	0. 2344	0. 0592	0. 0691	3204
	中部	0. 0097	0. 2233	0. 0648	0. 0759	4605
2007	东部	0. 0195	0. 0544	0. 1011	0. 1063	72923
	西部	0. 0264	0. 2590	0. 1467	0. 1141	3272
	中部	0. 0247	0. 2370	0. 1196	0. 1323	4869
2008	东部	0. 0735	0. 0736	0. 0482	0. 0631	92312
	西部	0. 0883	0. 0609	0. 0456	0. 0572	4321
	中部	0. 0879	0. 0899	0. 0516	0. 0720	6516
2009	东部	- 0. 0309	- 0. 0312	- 0. 0021	- 0. 0118	98257
	西部	- 0. 0331	- 0. 0359	- 0. 0090	- 0. 0201	4618
	中部	- 0. 0363	0. 0069	- 0. 0084	- 0. 0157	7008
2011	东部	0. 0644	0. 0794	0. 0407	0. 0500	118336
	西部	0. 0695	0. 1106	0. 0414	0. 0444	5434
	中部	0. 0709	0. 1091	0. 0413	0. 0588	8491

续表

年份	企业性质	价格边际	数量边际	产品种类边际	出口市场边际	样本数（家）
2012	东部	0.0021	− 0.0142	− 0.0044	− 0.0231	100934
	西部	0.0039	− 0.0218	− 0.0020	− 0.0263	4168
	中部	− 0.0008	− 0.0063	− 0.0051	− 0.0220	6981
2013	东部	− 0.0100	0.0698	0.0122	0.0151	151267
	西部	− 0.0115	0.0551	0.0142	0.0118	6712
	中部	− 0.0100	0.0784	0.0114	0.0179	11480

三、企业层面出口贸易边际的动态演变

为了进一步分析考察期内企业出口贸易边际的特征及其随时间变化的趋势，本书借助核密度估计方法（kernel density estimator）。核密度估计方法是以连续概率密度曲线的形式刻画随机变量的分布形状，反映其动态演变趋势与特点（沈丽和鲍建慧，2013）。本书正是借助了核密度估计方法，分别选取 2002 年、2005 年、2009 年和 2013 年这四个节点，刻画考察期内企业出口价格边际、数量边际、产品种类边际及出口市场边际的动态分布演变，见图 4 – 1 ~ 图 4 – 4。

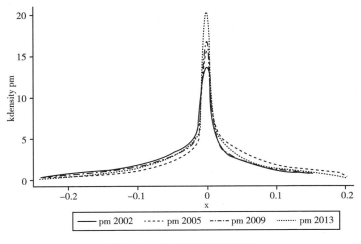

图 4 – 1　价格边际动态演变

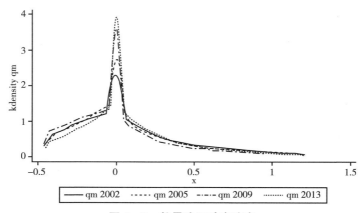

图 4 – 2　数量边际动态演变

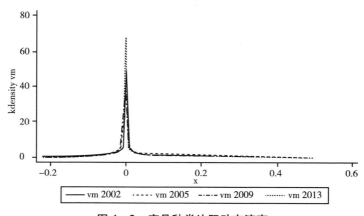

图 4 – 3　产品种类边际动态演变

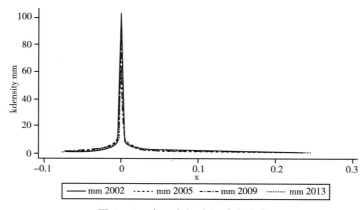

图 4 – 4　出口市场边际动态演变

　　首先，企业价格边际分布整体较为稳定，不同企业间价格边际差距逐渐缩小。由图4-1可见，核密度图呈右偏状态，不同企业价格边际范围基本在 -0.25~0.2，价格边际分布整体右移的趋势并不明显，这也说明企业价格边际分布相对较为稳定。随着时间的推移，峰值越来越大，波峰高度的整体分布越来越尖，波峰宽度的分布越来越窄，这说明不同企业间价格边际的差距在逐渐缩小，即不同企业原有出口市场、原有出口产品种类由于价格变动引起的出口增长差距在逐渐缩小，这也意味着企业若想单纯依靠提高价格来提升出口增长是较为困难的。

　　其次，企业数量边际小幅度提高，不同企业间数量边际分布越来越集中。由图4-2可见，样本考察期内，企业数量边际的分布整体小幅度右移，呈左偏状态，说明不同企业数量边际在小幅度扩展，即不同企业原有出口市场、原有出口产品种类由于数量变动引起的出口增长越来越多。同时，随着时间的推移，峰值越来越大，波峰高度的整体分布越来越尖，波峰宽度的分布越来越窄，表明不同企业数量边际分布越来越集中，不同企业间数量边际差距在不断缩小。同样地，企业若想单纯依靠增加出口数量来提升出口增长是较为困难的。

　　再次，不同企业产品种类边际分布越来越集中，但与少部分增长较快企业的差距在不断扩大。由图4-3可见，不同年份企业产品种类边际分布重叠的部分较多，说明企业产品种类边际分布较为稳定。但随着时间的推移，峰值越来越大，波峰高度的整体分布越来越尖，波峰宽度的分布越来越窄，这说明企业产品种类边际的分布越来越集中。另外，图4-3还显示了样本考察期内企业产品种类边际分布的右拖尾越来越长，表明部分企业产品种类边际增长较快，且与那些产品种类边际增长较慢企业的差距在不断扩大。

　　最后，不同年份企业出口市场边际分布较为相似，且部分企业出口市场边际增长较快。由图4-4可见，市场边际核密度呈左偏状态，且不同年份核密度重叠部分较多，分布较为相似。从不同年份核密度的峰值分布来看，2002年企业出口市场边际峰值最高，这可能是因为中国于2001年12月11日正式加入WTO，2002年大量企业开始拓展海外市场，导致企业由于出口市场扩张引起的出口增长大幅度提高。另外，图4-4还显示了样本考察期内企业出口市场边际分布的右拖尾越来越长，表明部分企业出口市场边际增长较快，且与那些出口市场边际增长较慢企业的差距在不断扩大。

第二节　企业层面出口国内增加值的测算

一、企业层面出口国内增加值的测算方法

现有文献在测算出口国内增加值方面，根据其使用数据的不同可以分为两大类：第一类是基于非竞争性投入—产出表（即 I - O 表）的宏观测算方法；第二类是基于中国工业企业数据库和中国海关贸易数据库的微观测算方法。基于 I - O 表的宏观测算方法虽然能够克服间接进口的问题，但是却忽略了广泛存在的企业异质性问题（Melitz，2003），只能停留在行业层面的测算与统计描述，难以深入到其决定因素与变化机制的研究，而微观测算方法恰恰弥补了这些缺陷。因此，本书基于微观企业层面数据，借鉴了奥普德等（Upward et al.，2013）、张杰等（2013）和吕越等（2015）的研究，确定了企业出口国内增加值的测算方法。

第一步，将中国海关贸易数据库中产品的 HS 编码转换为 BEC 产品编码，区分一般贸易进口品的用途，即中间投入品、消费品和资本品。KWW 方法和奥普德等（Upward et al.，2013）的原始测算方法中隐含的一个假设是所有进口产品都作为中间品投入使用。这一假设对中国的加工贸易而言是相对比较合理的，根据中国对加工贸易的政策，不管是来料加工还是进料加工，进口产品都被用作中间品投入出口产品的生产。然而，这一假设并不适用于一般贸易进口，一般贸易进口的产品可能被用于中间品投入生产，也可能被用作最终产品直接在国内消费掉，还有可能用作资本品投入以扩大企业生产。因此，本书参考了张杰等（2013）和吕越等（2015）的方法，将进口产品按照用途区分为中间投入品、消费品和资本品。具体操作如下：首先，本书将 2000～2013 年的 8 位数 HS 编码转换为 6 位数 HS 编码，再将各个年份不同版本的 6 位数 HS 编码统一转换到 HS96 版本[①]。其次，将各年 HS96 编码与 BEC 产品编码进行匹配[②]，将一般贸易进口品

---

①　联合国网站提供了不同版本 HS 海关编码转换表，http：//unstats. un. org。
②　联合国网站提供了 BEC 和 HS 海关编码转换表，http：//unstats. un. org。

按用途区分为中间投入品、消费品和资本品①。

第二步，假设加工贸易进口产品全部用作加工贸易出口的中间投入，一般贸易进口的中间投入品同比例用于国内销售和一般贸易出口②。具体企业出口国内增加值计算公式如下：

$$DVA = X - V_F$$

$$= X - \left(M^P + M^O \times \frac{X^O}{D + X^O} \right) \tag{4-6}$$

其中，X 表示中国工业企业数据库中的出口交货值，既包括直接出口，也包括间接出口；V_F 表示企业出口国外增加值部分；X^O 表示一般贸易出口；D 表示国内销售；M^P 表示加工贸易进口；M^O 表示一般贸易进口中用于中间品投入的部分。在具体计算过程中，国内销售数据来源于中国工业企业数据库，由企业销售额减去出口交货值计算得到，或者用企业销售额与加工贸易出口额的差值表示国内销售和一般贸易出口的总和。由于企业可能通过贸易公司间接进口，因此，本书用企业销售额与加工贸易出口额的差值代替国内销售和一般贸易出口的总和更为合适，同时一般贸易出口额用出口交货值与加工贸易出口额的差值表示。

第三步，考虑贸易代理商间接进口。由于中国进出口经营权的限制和企业自身能力和资金的限制，中国的进出口依靠中间贸易商的情况普遍存在（张杰等，2013）。这意味着很多企业中间品或资本品的进口可能是通过专门从事进出口的贸易代理商完成的，因此，从中国海关贸易数据库中并未观察到这部分进口数据，存在低估企业出口国外增加值的可能。为此，本书参考了安等（Ahn et al.，2011）和张杰等（2013）所建议的方法，对中间贸易代理商进行识别。首先，从中国海关贸易数据库中筛选出名称中包含"进出口""贸易""经贸""科贸""外经"的中间贸易商。

---

① 根据联合国经济及社会理事会统计司《经济大类分类》（BEC）的 16 个基本类型与联合国国民核算体系（SNA）中的资本货物、中间产品和消费品的对应关系，对一般贸易进口品的用途做了如下区分：（1）资本货物：41. 资本货物（运输设备除外）、521. 工业用运输设备；（2）中间产品：111. 工业用初级食品和饮料、121. 工业用经加工的食品和饮料、21. 未另归类的初级工业品、22. 未另归类的经加工的工业品、31. 初级燃料和润滑剂、322. 经加工的燃料和润滑剂（不包括汽油）、42. 资本货物（运输设备除外）零配件、53. 运输设备零配件；（3）消费品：112. 用于家庭消费的初级食品和饮料、122. 用于家庭消费的经加工的食品和饮料、522. 非工业用运输工具、61. 未另归类的耐用消费品、62. 未另归类的半耐用消费品、63. 未另归类的非耐用消费品。

② 本部分在区分一般贸易和加工贸易时参考了陈勇兵等（2012）的分类方法，一般贸易包括海关数据库中的一般贸易和边境小额贸易，加工贸易则包括出料加工贸易、进料加工贸易、来料加工装配进口的设备和来料加工装配贸易。

2000～2013 年中间贸易商的进口份额显著下降，特别是 2001 年中国正式加入 WTO 以后，由于对进出口经营权审批的放开，导致企业直接进口规模大幅增长。然而，各年（即使在 2004 年后）企业使用中间代理商的进出口数量仍是不容忽视。如果不考虑贸易代理商的进口，则会存在低估企业出口国外增加值，高估企业出口国内增加值。其次，计算特定产品（6位 HS 编码）的进口总额中，这类中间贸易商累积进口占总进口的份额 m，并假定其他企业进口该产品总额中间接进口份额等于 m。因此，企业 j 通过间接进口和直接进口的中间产品额为：

$$M_A^P = \sum_i \frac{M_i^P}{1 - m^i} \qquad (4-7)$$

其中，M_A^P 表示企业 j 通过加工贸易直接进口和间接进口的总额；i 表示企业 j 通过加工贸易进口的产品；M_i^P 表示企业 j 通过加工贸易直接进口的产品 i 的进口额；m^i 表示计算出的加工贸易项下间接进口的产品 i 的比例。则有：

$$M_A^O = \sum_l \frac{M_l^O}{1 - m^l} \qquad (4-8)$$

其中，M_A^O 表示企业 j 通过一般贸易直接进口和间接进口的中间产品总额；l 表示企业 j 通过一般贸易进口的中间产品；M_l^O 表示企业 j 通过一般贸易直接进口的中间产品 l 的进口额；m^l 表示计算出的一般贸易项下间接进口的中间产品 l 的比例。由此，考虑中间贸易商间接进口后，企业出口的国内增加值为：

$$DVA = X - \left(M_A^P + M_A^O \times \frac{X^O}{D + X^O} \right) \qquad (4-9)$$

第四步，考虑进口资本品折旧扣除。现有大部分文献在测算企业出口国内增加值时并未考虑进口资本品的折旧所得。事实上，企业的附加值中包含资本的折旧所得（唐东波，2012）。因此，本书参照张杰等（2013）的做法，核算企业所有进口资本品在 t 期的折旧额，并在估算企业出口国内增加值时加以扣除。具体操作如下：首先，本书借鉴了张杰等（2013）做法，直接采用单豪杰（2008）的研究结论，按照 10.96% 的折旧率来估算进口资本品的每年折旧额。与张杰等（2013）做法不同的是，本书认为进口的资本品不仅用于出口产品的生产，也用于内销产品的生产，因此，本书按照内销产品和外销产品的比例对进口资本品每年折旧额进行分摊，而不是直接将其从企业出口国内增加值中扣除。其次，张杰等（2013）假设企业 t 期进口的资本品在企业存续的每期按 10.96% 的折旧率进行扣除。然而，按 10.96%

的折旧率，企业进口的资本品在第 9 年即可分摊完毕，以后年度则无须再计提折旧。因此，本书对于进口资本品年份超过 9 年的，不再扣除折旧。相对而言，本书对进口资本品折扣的处理更为合理。具体而言：

$$\begin{cases} DS_t = \sum_{n=1}^{t} \delta M_n^k \dfrac{X_t}{SI_t}, t \leqslant 9 \\ DS_t = \sum_{n=t-8}^{t} \delta M_n^k \dfrac{X_t}{SI_t}, t > 9 \end{cases} \qquad (4-10)$$

其中，δ 表示固定资产折旧率；M_n^k 表示企业在第 n 期进口的资本品总额；X_t 表示企业第 t 期的出口交货值（包括直接出口和间接出口）；SI_t 表示企业第 t 期的销售额；DS_t 表示企业 t 期的所有资本品折旧额。由此，企业出口国内增加值为：

$$DVA = X - \left(M_A^P + M_A^O \times \frac{X^O}{D + X^O} + DS_t \right) \qquad (4-11)$$

第五步，考虑国产中间投入品中的国外份额。式（4-11）已经考虑了企业出口的产品中包含的直接进口或间接进口的中间投入品。然而，事实上企业使用的国产中间品中也有部分国外产品的份额。例如企业 j 使用的国产中间投入品采购自国内 A 企业，而 A 企业生产的该产品中包含了进口的原材料，这意味着企业 j 使用的该国产中间投入品间接包含了进口成分，但这在海关数据中无法体现。因此，本书借鉴了张杰等（2013）和吕越等（2015）的做法，采用库普曼等（Koopman et al.，2012）的研究结论，认为这一份额在 5% ~ 10%，并从企业出口的国内增加值中加以扣除，具体如下：

$$DVA = X - \left(M_A^P + M_A^O \times \frac{X^O}{D + X^O} + DS_t \right) - 0.05 \times \left(M^T - M_A^P - M_A^O \times \frac{X^O}{D + X^O} \right) \qquad (4-12)$$

其中，M^T 表示企业 j 使用的中间投入额，该数据可以从中国工业企业数据库中直接或间接获得，式（4-12）相当于假定企业使用的国产中间投入品中含有 5% 的国外附加值。在具体的计算过程中，可能会出现企业的出口国外增加值超过企业的出口交货值，对此的处理是将企业的出口国内增加值设定为 0。

第六步，测算企业的出口国内增加值率。在计算出企业的出口国内增加值后，为了更准确地反映企业在全球价值链中的嵌入度，我们进一步计算企业的出口国内增加值率 DVAR，具体如下：

$$DVAR = \frac{DVA}{X} \qquad (4-13)$$

二、企业层面出口国内增加值测算结果

在确定了企业出口国内增加值的具体测算方法后，本部分利用 2001～
2013 年中国工业企业数据库和中国海关进出口贸易数据库的匹配数据对企
业出口国内增加值进行测算，匹配方法和缺失值补充具体见第五章。同
样，该部分没有将 2010 年纳入研究范围（具体说明见第五章）。具体操作
过程中，本部分将每年中国工业企业数据库和中国海关进出口贸易数据库
分别进行匹配，对匹配后的数据做了如下处理。

第一步，若工业企业数据库中企业的出口交货值小于海关进出口贸易
数据库中的企业出口额，则用海关数据库中企业出口额替代出口交货值。
由于企业的出口交货值既包括海关数据库中企业直接出口的部分，也包括
企业通过中间贸易商间接出口的部分，因此，企业的出口交货值应大于或
等于海关数据库中企业的出口额。事实上，由于中国工业企业数据库中的
数据是由企业提供的，可能会存在部分瞒报或少报的情况，导致企业的出
口交货值小于海关数据库中企业的出口额，因此做了相应的调整。

第二步，若企业的销售收入小于出口交货值，则用企业的出口交货值
替代企业销售收入。由于企业的销售收入应包括国内销售收入和出口销售
收入，而出口销售收入应包括直接出口销售收入和间接出口销售收入，因
此，企业的销售收入原则上应大于或等于企业的出口交货值。但由于某些
原因，工业企业数据库中企业申报的数据与实际情况可能会有所出入，因
此做了相应的调整。

（一）总体情况

首先，我们关注企业出口国内增加值的总体平均值及样本考察期内的
变动趋势。由图 4－5 可见，总体而言，企业出口国内增加值呈逐年上升趋
势，由 2001 年的 26586.6 千元上升到 2013 年的 104784 千元，增长了近 3
倍。由于 2004 年中国工业企业数据库中缺少出口交货值指标，所以笔者用
海关数据库中计算的直接出口额来代替出口交货值，而出口交货值除了包
括海关数据库中有通关记录的直接出口额外，还应包括企业通过外贸公司
间接出口的金额，因此，这种简单处理可能是造成 2004 年出口国内增加值
下降的原因。2009 年由于受全球金融危机的影响，出口国内增加值也出现
了一定幅度的下降。其次，我们关注企业出口国内增加值率的总体平均值
及其样本考察期内的变动趋势。由图 4－6 可见，企业出口国内增加值率的

变动基本可以分为两个阶段。第一阶段即 2001~2007 年，出口国内增加值率呈现了增长的趋势，由 2001 年的 54.72% 上升到 2007 年的 66.14%，增长 11.42 个百分点。2002 年加入 WTO 后，中国企业出口国内增加值率快速增长，这可能是由于加入 WTO 后对外贸易政策的进一步开放推动了企业出口国内增加值率的增长。由于本书在张杰等（2013）的测算方法上加以了改进，导致本书的测算结果略高于张杰等（2013）研究中的测算结果。

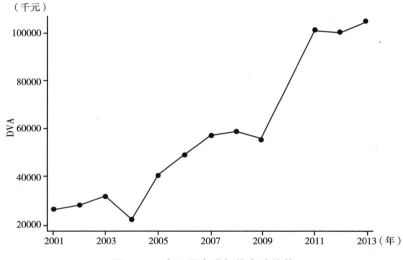

图 4－5　出口国内增加值变动趋势

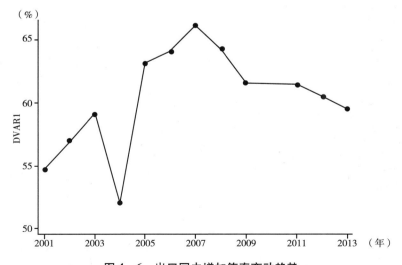

图 4－6　出口国内增加值率变动趋势

第二阶段即 2008～2013 年，企业出口国内增加值率总体上呈现了下降趋势，这说明这段时间企业出口国内增加值的增长速度小于出口额上升的幅度，由此带来出口国内增加值率的下降。

（二）不同所有制企业出口国内增加值测算结果

从表 4-4 可以看出，首先，从不同所有制企业出口国内增加值的平均值看，外资企业出口国内增加值最高，国有企业次之，民营企业最小。不管是国有企业、外资企业还是民营企业整体上都呈现了增长趋势。其中，国有企业出口国内增加值从 2001 年的 24344.2 千元上升到 2013 年的 57143.5 千元，增长了 2 倍多。外资企业出口国内增加值从 2001 年的 26245.7 千元快速上升到 2013 年的 163280 千元，增长了 5 倍多。民营企业出口国内增加值从 2001 年的 22467 千元逐年上升到 2013 年的 44890.5 千元，增长了近 1 倍。由此可知，推动中国企业出口国内增加值上升的主要动力可能来源于外资企业。其次，从不同所有制企业出口国内增加值率的平均值看，国有企业出口国内增加值率最低，均值为 42.72%；外资企业出口国内增加值率较高，均值为 60.46%；民营企业出口国内增加值率最高，均值为 65.49%。进一步来看，2001～2013 年间，国有企业和民营企业出口国内增加值率整体呈现下降趋势，外资企业出口国内增加值率整体呈现上升趋势，由 2001 年的 51.97% 逐步上升到 2013 年的 62.39%，增长了 10.42 个百分点，而国有企业出口国内增加值率由 2001 年的 50.34% 下降到 2013 年的 31.29%，下降了 19.05 个百分点，民营企业出口国内增加值率由 2001 年的 71.47% 下降到 2013 年的 59.40%，下降了 12.07 个百分点。因此，可以大致推断 2001～2007 年中国出口国内增加值率增长的动力主要来源于外资企业，而 2008 年后中国出口国内增加值率下降的主要原因在于国有企业和民营企业 DVAR 的大幅度下降。

表 4-4　　　　不同所有制企业出口国内增加值测算结果

年份	国有企业		外资企业		民营企业	
	DVA（千元）	DVAR（%）	DVA（千元）	DVAR（%）	DVA（千元）	DAVR（%）
2001	24344.2	50.34	26245.7	51.97	22467.0	71.47
2002	25640.6	48.96	27563.8	54.24	21357.2	70.41
2003	31273.7	50.64	33120.0	56.34	23725.1	71.13
2004	17706.3	37.13	25069.1	50.22	13524.3	60.42
2005	40384.0	47.17	46227.0	61.72	24191.9	69.93

续表

年份	国有企业		外资企业		民营企业	
	DVA（千元）	DVAR（%）	DVA（千元）	DVAR（%）	DVA（千元）	DAVR（%）
2006	85733.2	49.88	61010.4	62.95	24667.8	68.83
2007	66429.6	47.27	71689.2	67.28	26585.1	67.35
2008	68716.1	42.57	78205.5	65.95	22908.1	64.43
2009	51599.5	34.75	77806.1	65.38	21838.3	59.96
2011	75639.8	39.42	143203.0	63.27	40658.0	62.56
2012	66727.8	33.23	148978.0	63.81	42231.2	60.05
2013	57143.5	31.29	163280.0	62.39	44890.5	59.40

（三）不同地区企业出口国内增加值测算结果

从表4-5可以看出，首先，从不同地区企业出口国内增加值的平均值看，不管是东部地区、西部地区还是中部地区，企业出口国内增加值总体上都呈现上升趋势。其中2009年及之前，东部地区的出口国内增加值明显高于西部地区和中部地区，但从2011年开始，西部地区企业平均出口国内增加值大幅度提高，由2009年的29241.5千元提高到2011年的166505千元，增加幅度有点异常。笔者查阅数据后发现，2011年开始西部地区有几家企业的出口国内增加值异常高，又由于西部地区企业数量较少（2011年东、西、中部地区企业数量分为41310家、1851家和3875家），因此拉高了西部地区企业的总体平均值。在剔除3个异常值后，2011年西部地区企业的出口国内增加值为74123千元，2012年为83136.9千元，2013年为102151千元。同理，由于中部地区企业数量比较少，容易受异常值的影响，整体上拉高中部地区企业的平均值。其次，从不同地区企业出口国内增加值率的总体平均值看，东部地区的出口国内增加值率最高，均值为60.95%；中部地区次之，均值为54.52%；西部地区最小，均值为51.60%。具体而言，东部地区企业出口国内增加值率总体上呈现了上升趋势，而西部地区和中部地区企业出口国内增加值率总体上呈现了下降趋势。东部地区企业出口国内增加值率从2001年的54.80%上升到2013年的60.67%，增长了5.87个百分点。西部地区企业出口国内增加值率从2001年的53.42%下降到2013年的44.96%，下降了8.46个百分点。中部地区企业出口国内增加值率从2001年的54.55%下降到2013年的48.70%，下降了5.85个百分点。由此可见，2001~2007年中国出口国内增加值率增长的动力主要来源于东部地区企业，而 2008 年后中国出口国内增加值率下降的主要原因在于西部地区企业和中部地区企业出口国内增加值率的下降。

表 4 - 5　　　　　　　　不同地区企业出口国内增加值测算结果

年份	东部地区		西部地区		中部地区	
	DVA（千元）	DVAR（%）	DVA（千元）	DVAR（%）	DVA（千元）	DAVR（%）
2001	27512.9	54.80	19098.1	53.42	18142.2	54.55
2002	28775.4	56.98	19514.6	56.41	24612.3	56.50
2003	33115.0	59.32	20595.8	56.39	23671.3	57.52
2004	22858.3	51.92	16006.2	50.65	15668.9	53.96
2005	42087.1	63.64	24163.2	56.31	27984.6	60.76
2006	51398.3	64.66	28154.6	55.29	34625.4	60.26
2007	59430.8	67.14	31621.2	54.10	41128.2	58.46
2008	61223.2	65.31	32460.4	52.34	37897.6	53.74
2009	58665.6	63.04	29241.5	44.20	30745.5	47.96
2011	100714.0	62.50	166505.0	48.60	74040.6	50.60
2012	98134.0	61.43	173463.0	46.58	101891.0	51.23
2013	100045.0	60.67	225109.0	44.96	122746.0	48.70

三、企业层面出口国内增加值的动态演变

通过上述分析，我们大致了解了不同所有制企业、不同地区企业出口国内增加值的总体平均值及变动趋势，但平均值容易受异常值的影响，从而难以反映大多数企业的真实水平。为了进一步分析考察期内企业出口国内增加值的特征及其随时间变化的趋势，本书借助核密度估计方法（kernel density estimator），以连续概率密度曲线的形式刻画出随机变量的分布形状，反映该随机变量的动态演变趋势与特点（沈丽和鲍建慧，2013）。本书分别选取 2002 年、2005 年、2009 年和 2013 年这四个节点，刻画考察期内企业出口国内增加值的动态分布演变。

由图 4 - 7 可见，样本考察期内，企业出口国内增加值的分布整体右移，呈左偏状态，说明随着时间的推移，企业出口国内增加值在不断提高。同时，从各年的峰值来看，2002 年峰值最高，接着依次是 2009 年和 2005 年，2013 年峰值最低。总体而言，峰值越来越小，波峰高度的整体分

布越来越低，波峰宽度分布越来越宽，表明企业出口国内增加值的分布越来越分散。另外，图4－7显示了样本考察期内企业出口国内增加值的右拖尾越来越长，进一步表明企业间出口国内增加值的差距在不断扩大。接着，图4－8~图4－10分别给出了国有企业、外资企业和民营企业出口国内增加值的动态演变。具体而言，国有企业2009年峰值最高，波峰宽度最窄，随后是2002年、2005年和2013年，总体表现出右移趋势，说明国有企业出口国内增加值有所提高。民营企业2009年峰值达到最高，波峰宽度最窄，随后是2005年、2002年和2013年，民营企业国内增加值的动态演

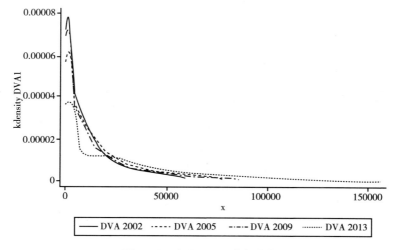

图4－7　企业 DVA 动态演变

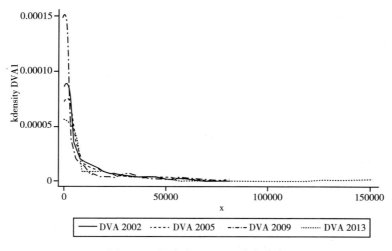

图4－8　国有企业 DVA 动态演变

变趋势与总体趋势存在较大差异。外资企业出口国内增加值核密度整体右移的趋势最为明显，随着时间推移，峰值越来越小，且右拖尾越来越长，表明外资企业出口国内增加值的分布越来越分散，企业间出口国内增加值的差距在不断扩大。

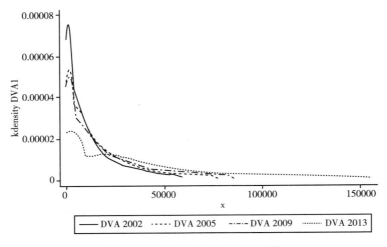

图 4 – 9　外资企业 DVA 动态演变

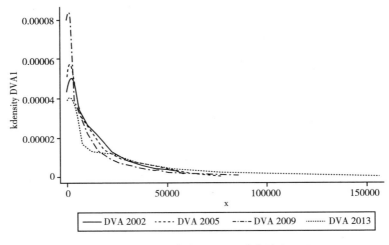

图 4 – 10　民营企业 DVA 动态演变

图 4 – 11 ~ 图 4 – 13 分别给出了东部地区、西部地区和中部地区企业出口国内增加值的动态演变。由于东部地区企业占比最高，因此，东部地区企业出口国内增加值的动态演变趋势与总体变动趋势最为相近。东部地

区企业出口国内增加值的峰值越来越小，波峰宽度越来越宽，且右拖尾越来越长，说明东部地区企业出口国内增加值的分布越来越分散，且不同企业间出口国内增加值的差距在不断扩大。西部地区企业出口国内增加值的整体变化趋势与总体变动趋势存在较大差异，且核密度整体右移的趋势并不是很明显。西部地区企业 2009 年峰值达到最高，接着依次是 2002 年、2005 年和 2013 年，且波峰高度和宽度与图 4－7 差异较大。这也说明西部地区企业出口国内增加值提高的趋势并不是很明显。中部地区企业出口国内增加值的整体变化趋势与总体变动趋势基本保持一致，且表现出整体右

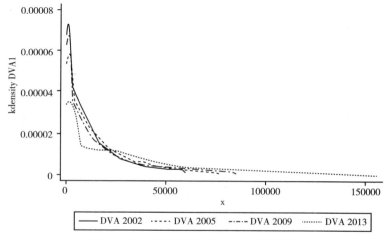

图 4－11　东部地区企业 DVA 动态演变

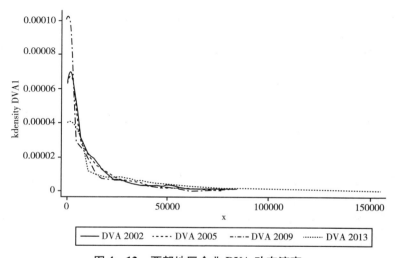

图 4－12　西部地区企业 DVA 动态演变

移趋势，说明中部地区企业出口国内增加值在不断提高。2009 年峰值达到最高，接着依次是 2002 年、2005 年和 2013 年，总体上峰值在不断变小，波峰宽度越来越宽，说明中部地区企业出口国内增加值的分布越来越分散，且出口国内增加值核密度的右拖尾越来越长，也进一步表明中部地区不同企业间的出口国内增加值差距在不断扩大。

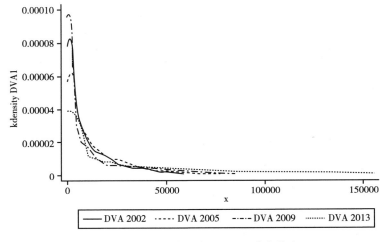

图 4 - 13　中部地区企业 DVA 动态演变

第三节　本 章 小 结

本章确定了企业出口增长四元边际（价格边际、数量边际、产品种类边际和出口市场边际）的具体分解方法和企业出口国内增加值的测算方法，基于微观数据从总体上、分所有制、分地区对企业出口增长四元边际和企业出口国内增加值进行统计测算，并借助核密度估计方法分析考察期内企业出口增长四元边际和企业出口国内增加值的动态演变趋势和特点，得出了以下几个结论。

结论一：企业出口增长四元边际在大部分年份为正数，企业出口国内增加值呈逐年上升趋势。总体而言，价格边际、数量边际、产品种类边际和出口市场边际在大部分年份里均为正数，说明企业通过价格提升、数量扩张、新产品研发和出口市场开拓带来了出口的增长。企业出口国内增加值呈逐年上升趋势，企业出口国内增加值率在 2001～2007 年间呈现增长趋势，而在 2008～2013 年间呈现下降趋势，这说明这段期间企业出口国内增加值的增长速度小于出口额上升的幅度，由此带来企业出口国内增加值率的下降。

结论二：企业出口增长四元边际、出口国内增加值在不同所有制企业中存在一定差异。国有企业价格边际最小，民营企业产品种类边际和出口市场边际都远远高于国有企业和外资企业，而外资企业的价格边际最高。外资企业出口国内增加值最高，国有企业次之，民营企业最小。不管是国有企业、外资企业还是民营企业，出口国内增加值整体上都呈现了增长趋势，且推动中国企业出口国内增加值上升的主要动力可能来源于外资企业。民营企业出口国内增加值率最高，外资企业出口国内增加值率次之，国有企业出口国内增加值率最低。

结论三：企业出口增长四元边际、出口国内增加值在不同地区企业中存在一定差异。东部地区企业种类边际和出口市场边际在 2007 年及之前呈逐年递增趋势，之后变动趋势则较为复杂；中部地区企业的出口市场边际在大部分年份都高于东部与西部地区企业，而西部地区产品种类边际的变动趋势基本上与东部地区保持一致。不管是东部地区、西部地区还是中部地区，企业出口国内增加值总体上都呈现上升趋势。从不同地区企业出口国内增加值率看，2001 ～ 2007 年中国出口国内增加值率的增长动力主要来源于东部地区，中部地区次之，西部地区最小。

结论四：企业出口增长四元边际、出口国内增加值的动态演变趋势各不相同。企业价格边际分布整体较为稳定，不同企业间价格边际差距逐渐缩小；企业数量边际小幅度提高，不同企业数量边际分布越来越集中；不同企业产品种类边际分布越来越集中，但与少部分增长较快企业的差距在不断扩大；不同年份企业出口市场边际分布较为相似，且部分企业出口市场边际增长较快。企业出口国内增加值的分布整体右移，说明企业出口国内增加值在不断提高，且企业间出口国内增加值的差距在不断扩大。

第五章

贸易边际、出口国内增加值对企业出口工资溢价的影响：经验分析

第一节　企业出口工资溢价的影响机理与研究假设

本书从理论上推导出了贸易边际、出口国内增加值与企业出口工资溢价间的关系，即式（3－26）。然而，单纯地从公式上难以看出价格边际、产品种类边际、出口市场边际及出口国内增加值对企业出口工资溢价的具体影响，是促进出口企业工人工资的提升还是降低了出口企业工人的工资水平。因此，本章将进一步阐述出口贸易边际、出口国内增加值和企业异质性特征变量对企业出口工资溢价的影响机理并提出相应的研究假设。

第一，根据第三章构建的理论模型，企业生产的产品种类越多，意味着工人需要在不同的产品种类间进行转换，从而降低工人的劳动生产率，导致企业的总产出水平和总收益水平下降，进而影响企业的利润最大化条件和工人的收入分享份额，并最终会降低企业支付给工人的均衡工资水平。企业出口产品种类对工资溢价的直接影响机理见图5－1。另外，企业出口产品种类还会通过其他途径间接作用于出口工资溢价。具体而言，企业产品种类越多，意味着企业的创新研发能力较好，企业可以凭借差异化的产品种类获取更多的利润，工人工资水平也可以进一步得到提升。因此，本书认为出口产品种类对企业出口工资溢价的影响取决于哪种途径在起主要作用。为此，本书提出如下研究假设。

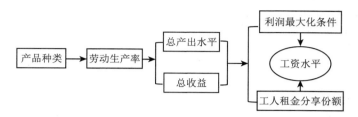

图5-1 产品种类边际对企业出口工资溢价的影响机理

假设5-1 出口产品种类与企业出口工资溢价间的关系是不确定的。

第二，企业产品质量（价格边际）越高，意味着企业对工人的能力要求越高，企业相应的劳动筛选匹配成本也越高，而企业的劳动筛选匹配成本作为一种沉没成本，会进一步影响企业的利润水平和工人的租金分享份额，导致企业利润水平下降，工人工资水平也相应下降。企业产品质量对出口工资溢价的直接影响机理见图5-2。另外，企业产品质量还会通过其他途径间接作用于出口工资溢价。具体而言，企业产品质量越高，意味着企业产品竞争力越好，产品附加值越高，企业盈利水平也越高，因此，相应支付给工人的工资水平也越高。而本书认为后者的作用会高于前者，即产品质量高带来的企业盈利水平的增加会超过劳动筛选匹配成本增加引起的利润减少。

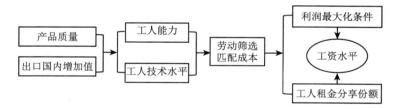

图5-2 产品质量和出口国内增加值对企业出口工资溢价的影响机理

第三，由于高新技术制造业比传统制造业拥有更高的出口国内增加值率（徐久香和方齐云，2013），这意味着，企业出口国内增加值越多，越可能是高新技术产业，对工人技术水平的要求也越高，企业相应的劳动筛选匹配成本也越高，而劳动筛选匹配成本会进一步影响企业的盈利水平，导致企业利润下降，支付给工人的工资水平也相应下降。企业出口国内增加值对出口工资溢价的直接影响机理见图5-2。另外，企业出口国内增加值还会通过其他途径间接作用于出口工资溢价。具体而言，企业的出口国内增加值越多，意味着企业出口产品的国内附加值越高，企业能获取的真实利益也越高，因此，工人能分享的真实利益也越多，支付给工人的工资也越高。而本书认为后者的影响会超过前者，即企业出口国内增加值越多，企业支付给工人的工资水平也相应越高。为此，本书提出如下研究假设。

假设5-2   价格边际与企业出口工资溢价间存在显著的正相关关系，即企业价格边际越高，企业支付给工人的工资水平也越高。

假设5-3   企业出口国内增加值与企业出口工资溢价间存在显著的正相关关系，即企业出口国内增加值越多，企业支付给工人的工资水平也越高。

第四，企业出口数量越多，意味着企业在出口市场的销量越好，企业在出口市场的收益相应地也越高，而出口收益构成企业总收益的一部分，进而会影响企业的利润最大化条件和工人的租金分享份额，最终企业支付给工人的工资水平也越高，这一结论与理论模型结果保持一致。具体影响机理见图5-3。一方面，企业出口市场数量越多，意味着企业的出口总需求越大，相应地，企业在出口市场的总销量和总收益也越高，进而工人能分享到的租金也越多，最终企业支付给工人的工资水平也越高。但另一方面，由于企业进入每一个出口市场都存在一定的固定沉没成本，这些成本包括了解国外市场、在国外建立新的分销渠道、确保产品符合国外的标准（包括检验、包装等）、学习国外规制环境等，一旦企业在新出口市场上出口量的增加不足以弥补这些巨大的出口沉没成本，企业的盈利水平反而会下降，工人工资水平也会相应下降。因此，出口市场数量与企业工人工资水平间的关系取决于企业在新出口市场上出口量的增加是否足以弥补其巨大的出口固定沉没成本。为此，本书提出如下研究假设。

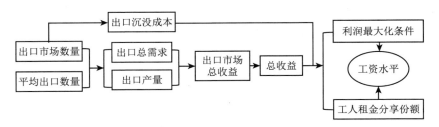

图5-3   出口市场边际和数量边际对企业出口工资溢价的影响机理

假设5-4   数量边际与企业出口工资溢价间存在显著的正相关关系，即数量边际越高，企业支付给工人的工资水平也越高。

假设5-5   出口市场边际与企业出口工资溢价间的关系不确定，取决于新出口市场销量增加的大小。

第五，企业全要素生产率水平会显著影响企业的总产出水平，全要素生产率越高，企业单位生产要素投入所能生产的产品数量就越多，因此，企业单位成本越低，企业所能获取的利润就会越高，相应地支付给工人的工资水平也越高。由此，本书提出如下研究假设。

假设 5－6　企业全要素生产率与企业出口工资溢价间存在正相关关系，即企业全要素生产率越高，企业支付给工人的工资水平也越高。

第二节　特征性事实描述

一、数据来源与数据匹配

本书使用的数据来源于 2000～2013 年中国工业企业数据库和中国海关进出口贸易数据库的匹配数据①。其中，中国工业企业数据库的全称是全部国有及规模以上非国有工业企业数据库，样本范围为全部国有工业企业及规模以上非国有工业企业，其统计单位为企业法人。这里的工业统计口径包括国民经济行业分类中的采掘业、制造业以及电力、燃气及水的生产和供应业三个门类，制造业占了 90% 以上。其中，2000～2010 年数据包括全部国有企业和年主营业务收入 500 万元及以上的非国有工业企业。2011～2013 年规模以上数据标准改为所有年主营业务收入 2000 万元及以上的非国有工业企业。虽然，规模以上的标准发生了变化，但为了尽量不损失样本信息，本书主要采用所有规模以上企业的样本进行分析。中国海关进出口贸易数据库的样本范围是有通关记录的全部进出口企业，包括工业企业和纯粹的贸易代理商。中国海关进出口贸易数据库记录了企业每笔进出口的详细数据，包括数量、HS8 位产品编码、企业代码、单位代码、金额、价格、目的国、贸易方式、单位、途经国等信息，可以用来计算企业出口国内增加值。首先，本书将海关数据库中的月度数据进行加总得到年度数据。其次，本书参照施炳展（2013）的做法，对海关数据库中的数据进行了简单处理，删除了信息损失样本，删除了单笔贸易金额小于 50 美元

---

① 虽然本部分采用 2001～2013 年的数据进行特征性事实描述和经验分析，但由于计算企业出口增长的四元边际需要上一年的企业出口数据，因此需要 2000～2013 年的匹配数据。

或者数量小于 1 的样本。最后，本书对中国工业企业数据库和中国海关进出口贸易数据库进行匹配，匹配的效率取决于是否能够找到企业唯一的特殊代码。本书参考了张杰等（2013）的做法，采用企业的中文名称进行匹配，因为企业名称一般不会出现缺失或统计错误（Upward et al.，2013）。匹配后的数据剔除了海关数据库中纯粹的贸易代理商，从而更准确地识别出口企业。另外，由于 2010 年固定资产指标存在较多极端值，虽然技术上可以使用中位数进行一定的修复，但由于该年数据质量存在质疑（谭语嫣等，2017；王万珺和刘小玄，2018；洪静等，2017），本书没有将该年纳入研究范围。匹配前，工业企业数据库中原始工业企业数每年均值在 280000 家左右，匹配后每年企业数均值在 40000 家左右，匹配后出口额占原始出口额的 40% 左右，具体见表 5 - 1。

表 5 - 1 中国工业企业数据库和海关数据库匹配情况

年份	原始工业企业数 （家）	匹配后工业企业数 （家）	原始出口额 （亿美元）	匹配后出口额 （亿美元）
2000	162883	14585	2484	658.8
2001	169031	18508	2891	909.8
2002	181557	21493	3237	1036
2003	196222	25391	4360	1385
2004	276474	39229	5874	2214
2005	271835	40121	6554	2430
2006	301961	47598	9600	3226
2007	336768	48361	11140	3930
2008	412212	58534	13030	5489
2009	351797	52182	10990	4248
2011	302593	47036	16450	6700
2012	311314	63697	20440	8692
2013	344875	67704	21950	9385

注：原始出口额是经过简单处理后的出口额。

二、特征性事实描述

在特征性事实描述中，所使用的数据是来自 2000～2013 年中国工业企业数据库和中国海关进出口贸易数据库的匹配数据。具体操作中，由于涉及贸易边际的测度，本书先保留每年海关数据库中连续两年存续的企业，再将其与工业企业数据库进行匹配，对匹配后的每年数据依次剔除价格边际、产品种类边际、出口市场边际和人均工资水平低于5%分位数和高于95%分位数的异常样本点，对处理后的匹配数据做进一步特征性事实描述与分析。

（一）企业人均工资特征及其动态演变

首先，我们关注企业人均工资的总体平均值及样本考察期内的变动趋势。由于2008年和2009年中国工业企业数据库中应付工资指标缺失，因此，图5-4中未显示2008年和2009年的企业人均工资均值。由图5-4可见，企业人均工资均值总体上呈现稳步上升趋势，由2001年的12801元上升到2013年的25519元，人均工资水平增长了近1倍。具体而言，企业人均工资均值从2001年开始稳步上升，2012年达到最高值，随后2013年开始出现了下滑。接着，为了进一步分析考察期内企业人均工资的特征及其随时间变化的趋势，本书借助核密度估计方法，分别选取2001年、2004年、2007年、2011年和2013年这五个节点，刻画考察期内企业人均工资的动态分布演变。由图5-5可见，样本考察期内，企业人均工资核密度总体右移趋势明显，说明随着时间的推移企业人均工资水平不断提高。然

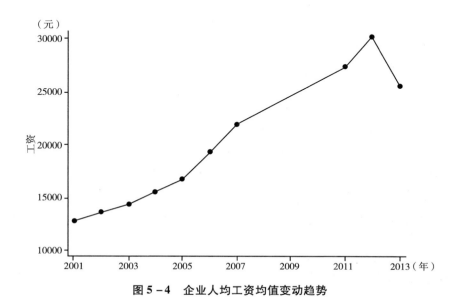

图5-4　企业人均工资均值变动趋势

而，2013 年企业人均工资核密度小幅度左移，总体趋势与图 5 - 4 保持一致。同时，峰值越来越小，波峰高度的整体分布越来越低，波峰宽度的分布越来越宽，表明随着时间的推移企业间人均工资水平分布越来越分散，且核密度的右拖尾越来越长，也进一步表明不同企业间工资水平差距在不断扩大。

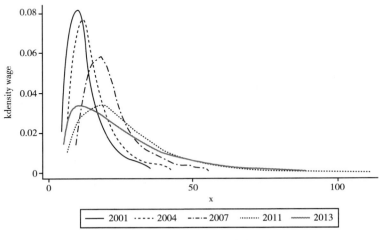

图 5 - 5　企业人均工资动态演变

（二）出口企业人均工资水平总体情况

本书利用 2000 ~ 2013 年中国工业企业数据库和中国海关进出口贸易数据库的匹配数据，以微观企业为基本分析单位，全面系统考察价格边际、数量边际、产品种类边际、出口市场边际及出口国内增加值对出口企业工人工资水平的影响来展现出口企业工人工资水平的特征性事实。总体而言，如表 5 - 2 所示，2001 ~ 2013 年出口企业工人的人均工资水平呈现稳步上升趋势（2008 年和 2009 年工业企业数据库中应付工资指标缺失），年均增长率为 5.9%。2001 ~ 2013 年企业出口国内增加值总体上保持了持续的增长态势，也说明了中国微观企业出口增加值在不断地提升，出口国内增加值的变动趋势与出口企业工人的工资水平变动趋势基本保持一致。而价格边际、数量边际、产品种类边际和出口市场边际的波动则相对较为复杂，上升和下降趋势交替出现，且单纯地从平均值上难以看出其与工资水平变化趋势是否一致。

表 5 - 2   2001~2013 年出口企业人均工资水平情况

年份	人均工资（千元）	四元边际				出口国内增加值（千元）
		价格边际	数量边际	产品种类边际	出口市场边际	
2001	12.8008	-0.0235	0.5436	-0.0970	-0.0377	18702.3
2002	13.6773	-0.0337	0.1555	0.0176	0.0566	30557.6
2003	14.3454	-0.0033	0.1854	0.0198	0.0553	37363.3
2004	15.5878	0.0365	0.2575	0.0363	0.0880	37508.0
2005	16.8231	0.0266	0.0287	0.0309	0.0645	44725.7
2006	19.3897	0.0319	0.2438	0.0555	0.0897	48546.2
2007	21.9854	0.0314	-0.0737	0.0142	0.0666	60063.6
2008	—	0.0911	0.0695	0.0256	0.0506	67270.8
2009	—	-0.0221	-0.0667	-0.0090	-0.0115	65226.0
2011	27.4305	0.0846	0.0886	0.0163	0.0401	98637.9
2012	30.2018	0.0077	0.0103	0.0026	0.0026	99166.9
2013	25.5194	-0.0090	0.0734	0.0059	0.0183	104107.0

（三）不同所有制企业人均工资水平情况

由表 5 - 3 看出，从企业所有权属性看，2013 年出口企业平均工资水平为 25.5194 千元，其中国有企业人均工资水平最高，外资企业次之，民营企业最低。虽然国有企业人均工资水平明显高于外资企业和民营企业，但国有企业价格边际、数量边际和出口市场边际均低于外资企业，这也反映了国有企业不管是在维持现有出口份额还是开拓新市场方面都处于劣势。外资企业的人均工资水平居中，其数量边际、产品种类边际和出口市场边际也居中，但出口国内增加值远远高于国有企业和民营企业，这也说明了外资企业出口产品附加值相对较高。民营企业的人均工资水平虽然最低，但民营企业的数量边际、产品种类边际和出口市场边际都最大，说明了民营企业勇于创新产品种类，不断开拓海外市场，相比国有企业和外资企业更具有活力。然而，民营企业的价格边际和出口国内增加值最低，说明民营企业虽然具有活力，但其产品质量和产品附加值有待进一步提高。不同所有制企业价格边际、数量边际、产品种类边际、出口市场边际及出口国内增加值对出口企业人均工资的贡献各不相同，因此在后续的实证研究中有必要控制企业所有制对出口工资溢价的影响。

表 5 – 3　　　　　　　2013 年不同所有制企业人均工资水平情况

企业类型	人均工资（千元）	四元边际				出口国内增加值（千元）
		价格边际	数量边际	市场种类边际	出口市场边际	
总体样本	25.5194	-0.0090	0.0734	0.0059	0.0183	104107.0
国有企业	34.7919	-0.0045	-0.0017	0.0053	-0.0035	54909.2
外资企业	27.7689	-0.0044	0.0339	0.0050	0.0086	151391.0
民营企业	22.2101	-0.0122	0.1102	0.0068	0.0266	53025.9

（四）不同地区企业人均工资水平情况

本书根据林毅夫等（2004）的划分标准，将 31 个省份按地理分布划分为 6 大区域，分别为 3 个大城市（北京、天津、上海）、6 个沿海省份（辽宁、江苏、浙江、福建、山东、广东）、5 个南方省份（江西、湖北、湖南、广西、海南）、7 个北方省份（河北、山西、内蒙古、吉林、黑龙江、安徽、河南）、4 个西南省份（四川、重庆、云南、贵州）、6 个西北省份（西藏、陕西、甘肃、青海、宁夏、新疆）。2013 年不同地区企业人均工资水平如表 5 – 4 所示，大城市的人均工资水平最高，西南省份的工资水平仅次于大城市，而北方省份工资水平最低。从出口国内增加值看，大城市的出口国内增加值最高，南方省份的出口国内增加值仅次于大城市，而西南省份的出口国内增加值最低。从贸易边际看，6 个地区的价格边际均为负数，说明不同地区企业均因出口价格变动引起了出口下降。数量边际、产品种类边际和出口市场边际均为正数，说明 6 大区域均通过数量、产品种类和出口市场扩张实现了出口增长。南方省份的数量边际最大，而大城市的数量边际最小；西南省份的种类边际最大，而南方省份的种类边际最小；北方省份的出口市场边际最大，而大城市的出口市场边际最小。这也说明了南方省份主要通过数量扩张来实现出口增长，西南省份则主要通过不断创新产品种类实现出口增长，而北方省份则主要通过开拓新的出口市场来实现出口增长。相对而言，通过数量扩张实现出口增长的南方省份人均工资水平居中，通过创新产品种类实现出口增长的西南省份工资水平则仅次于大城市，相对较高；而通过开拓新的出口市场实现出口增长的北方省份工资水平则最低。因此，在某种程度上产品种类边际越高，人均工资水平越高，即产品种类边际可能与企业人均工资水平存在正相关关系。而出口市场边际越大，企业人均工资水平反而越低，即出口市场边际可能与企业人均工资水平存在负相关关系。不同地区企业价格边际、数量边际、产品种类边际、出口市场边际及出口国内增加值对企业人均工资的贡献各不相同，因此，在后续的实证研究中有必要控制地区对企业出口工资溢价的影响。

表 5 - 4　　　　　　　　　2013 年不同地区企业人均工资水平情况

企业类型	人均工资（千元）	四元边际				出口国内增加值（千元）
		价格边际	数量边际	产品种类边际	出口市场边际	
总体样本	25.5194	-0.0090	0.0734	0.0059	0.0183	104107.0
大城市	31.3515	-0.0153	0.0572	0.0035	0.0132	135487.0
沿海省份	25.0160	-0.0080	0.0708	0.0064	0.0169	92200.7
南方省份	27.1008	-0.0055	0.1054	0.0024	0.0289	133258.0
北方省份	22.4265	-0.0123	0.1032	0.0048	0.0307	72194.0
西南省份	30.0180	-0.0122	0.0652	0.0097	0.0288	58785.5
西北省份	27.7008	-0.0200	0.1009	0.0035	0.0295	65831.4

（五）不同收入组企业人均工资水平情况

本书参照国家统计局对收入五等份分组法，将 2013 年企业人均工资进行分组：先将企业人均工资水平从高到低进行排列，企业人均工资水平排列前 20% 的为高收入组，企业人均工资水平排列在中间 60% 的为中收入组，企业人均工资水平排列后 20% 的为低收入组。由表 5 - 5 可见，高收入组企业人均工资水平是中收入组企业人均工资水平的 2 倍多，是低收入组企业人均工资水平的 6 倍多。从出口国内增加值看，高收入组企业的平均出口国内增加值远远高于中收入组和低收入组企业的平均出口国内增加值，中收入组企业的平均出口国内增加值明显高于低收入组企业。由此可见，越是高收入组，其对应的平均出口国内增加值也越高。从贸易边际看，高收入组企业的产品种类边际远远高于中收入组和低收入组企业的产品种类边际，中收入组企业的产品种类边际次之，低收入组企业的产品种类边际最低。由此可见，越是高收入组企业，其对应的产品种类边际越高。高收入组的出口市场边际最高，低收入组次之，中收入组最低。低收入组的数量边际略高于高收入组，中收入组数量边际最小。另外，不管是高收入组、中收入组还是低收入组，其价格边际均为负数，说明不同收入组别的企业都由于价格变动导致出口出现不同程度的负增长。因此，不同收入组的价格边际、数量边际、产品种类边际、出口市场边际及出口国内增加值都存在一定的差异，有必要进一步分组探讨。

表 5 - 5　　　　　　　2013 年不同收入组企业人均工资水平情况

企业类型	人均工资（千元）	四元边际				出口国内增加值（千元）
		价格边际	数量边际	产品种类边际	出口市场边际	
总体样本	25. 5194	- 0. 0090	0. 0734	0. 0059	0. 0183	104107. 0
高收入组	53. 4699	- 0. 0140	0. 0821	0. 0090	0. 0209	249384. 0
中收入组	21. 9651	- 0. 0079	0. 0673	0. 0056	0. 0170	75221. 5
低收入组	8. 21703	- 0. 0070	0. 0831	0. 0041	0. 0198	31702. 3

（六）不同贸易方式下企业人均工资水平情况

本书根据贸易方式的不同，将出口企业分为加工贸易企业、一般贸易企业和混合贸易企业[①]。由表 5 - 6 可见，2013 年混合贸易企业人均工资水平最高，一般贸易企业人均工资水平略高于加工贸易企业。从出口国内增加值看，混合贸易企业出口国内增加值远远高于加工贸易企业和一般贸易企业，一般贸易企业出口国内增加值高于加工贸易企业。这一结论与陈等（Chen et al. , 2012）的结论保持一致，即由于使用较多进口中间投入品，加工贸易带来的国内增加值小于一般贸易。由此可见，加工贸易企业无论是人均工资水平还是出口国内增加值都是最低的，而混合贸易企业人均工资水平和出口国内增加值都最高。在某种程度上，企业人均工资水平和出口国内增加值呈现出正相关关系。从贸易边际看，相较于其他两类企业，加工贸易企业的数量边际和价格边际最高，混合贸易企业的产品种类边际和出口市场边际最高。一般贸易企业除了数量边际为正外，价格边际、产品种类边际和出口市场边际均为负数。由此可见，不同贸易类型企业的价格边际、数量边际、产品种类边际、出口市场边际及出口国内增加值都存在一定的差异，有必要进一步分组探讨。

_____

① 一般贸易包括海关数据库中的一般贸易和边境小额贸易，加工贸易则包括出料加工贸易、进料加工贸易、来料加工装配进口的设备和来料加工装配贸易。其中，加工贸易企业出口产品的贸易方式均为加工贸易，一般贸易企业出口产品的贸易方式均为一般贸易，而混合贸易企业出口产品的贸易方式既有加工贸易又有一般贸易。

表 5 – 6　　　　　　　　　2013 年不同贸易方式下企业人均工资水平情况

企业类型	人均工资（千元）	四元边际				出口国内增加值（千元）
		价格边际	数量边际	产品种类边际	出口市场边际	
总体样本	25.5194	– 0.0090	0.0734	0.0059	0.0183	104107.0
加工贸易	22.4882	– 0.0052	0.1139	– 0.0050	0.0004	31774.3
一般贸易	22.6961	– 0.0057	0.0838	– 0.0026	– 0.0001	47091.3
混合贸易	25.8571	– 0.0094	0.0715	0.0070	0.0205	110371.0

（七）BEC 分类下不同类型企业人均工资水平情况

20 世纪 80 年代以来，全球贸易分工模式开始由产品间分工转向产品内分工，传统的国家制造已经转变为"世界制造"，货物贸易也变成"任务贸易"（Escaith and Inomata，2011），随之而来的是中间品贸易地位的不断提升。目前，国际贸易中约有 2/3 是中间品贸易（Johnson and Noguera，2012）。作为贸易大国，中间品贸易在中国对外贸易中的地位也在不断提升，中间品贸易出口对中国就业的影响也在不断加大（卫瑞和张少军，2014）。因此，为了考察中间品和最终品贸易对企业人均工资水平的影响，本书按照 BEC 分类编码将企业分为仅出口中间品、仅出口最终品和同时出口中间品和最终品三类企业[①]。2013 年，仅出口中间品的企业为 13852 家，仅出口最终品的企业为 9179 家，同时出口中间品和最终品的企业为 18035 家。由表 5 – 7 可见，同时出口中间品和最终品企业的人均工资水平最高，仅出口最终品企业的人均工资水平最低。从出口国内增加值看，同时出口中间品和最终品企业的出口国内增加值最高，仅出口最终品企业的出口国内增加值次之，仅出口中间品企业的出口国内增加值最低。从贸易边际看，仅出口最终品企业的价格边际和出口市场边际最高，仅出口中间品企业的数量边际最高，而同时出口中间品和最终品企业的产品种类边际最高。出口不同产品用途的企业的贸易边际、出口国内增加值与人均工资水平都存在一定的差异，因此有必要进一步研究分析。

---

① 将 6 位数 HS96 编码与 BEC 产品编码进行匹配，将出口产品分为中间品、消费品和资本品，其中消费品和资本品都归为最终品，与中间品相对应。具体而言，BEC 代码为 111、121、21、22、31、322、42 和 53 的为中间品，其余为最终品。

表 5 - 7　　　　**2013 年 BEC 分类下不同类型企业人均工资水平情况**

企业类型	人均工资（千元）	四元边际				出口国内增加值（千元）
		价格边际	数量边际	产品种类边际	出口市场边际	
总体样本	25.5194	-0.0090	0.0734	0.0059	0.0183	104107.0
中间品出口	25.2435	-0.0161	0.1074	0.0022	0.0172	58496.8
最终品出口	22.7317	0.0012	0.0400	0.0056	0.0211	72466.0
混合出口	27.1501	-0.0086	0.0644	0.0090	0.0178	152108.0

（八）不同要素密集型行业企业人均工资水平情况

本书参照刘慧（2015）关于要素密集型行业划分标准，将两位数产业（13）~（20）界定为劳动力要素密集型行业，（21）~（42）界定为资本要素密集型行业。根据企业所属两位数行业代码，本书将企业分为劳动力要素密集型企业和资本要素密集型企业。2013 年，样本企业中劳动力要素密集型企业 30323 家，资本要素密集型企业 10743 家，2/3 以上的企业为劳动力要素密集型企业。由表 5 - 8 可见，资本要素密集型企业工人工资水平明显高于劳动力要素密集型企业，且资本要素密集型企业的出口国内增加值也远远高于劳动力要素密集型企业。事实上，相较于劳动力要素密集型企业，资本要素密集型企业出口产品附加值更高、产品技术含量也更高，因此，其出口国内增加值也越高，相应地支付给工人的工资水平也越高。资本要素密集型企业的数量边际和出口市场边际高于劳动力要素密集型企业，而劳动力要素密集型企业的价格边际和产品种类边际则高于资本要素密集型企业。因此，不同要素密集型企业的贸易边际、出口国内增加值与企业人均工资水平都存在较大的差异，有必要进一步分析探讨。

表 5 - 8　　　　**2013 年不同要素密集型行业企业人均工资水平情况**

企业分组	人均工资（千元）	四元边际				出口国内增加值（千元）
		价格边际	数量边际	产品种类边际	出口市场边际	
总体样本	25.5194	-0.0090	0.0734	0.0059	0.0183	104107.0
劳动力要素密集型	23.0574	-0.0010	0.0640	0.0763	0.0180	82656.1
资本要素密集型	26.3854	-0.0118	0.0763	0.0056	0.0185	111041.0

第三节　贸易边际、出口国内增加值对企业出口
工资溢价影响：基准回归

一、数据处理、模型构建与变量选取

（一）数据处理

本书对合并后数据的处理包括构建面板、部分缺失指标处理、企业全要素生产率计算等。

1. 构建面板

本书构建面板数据的基本思路：参考杨汝岱（2015）的做法，用法人代码对合并后的历年数据进行匹配，如果法人代码匹配不上或者法人代码重复的，则开始使用企业名称进行匹配，如果企业名称依然匹配不上或者企业名称重复的，则使用"地区代码＋电话号码＋成立年份"进行匹配。本书并没有使用杨汝岱（2015）中"地区代码＋法人代表姓名"进行匹配，笔者认为这种匹配方法会导致过宽匹配，因为同一地区的法人代表姓名重复的可能性比较大，容易造成错配。根据上述匹配方法，匹配后2001～2013年连续存续企业为3272家，总体样本观测值为39264家，由此得到平衡面板数据（balanced panel data）。

2. 部分缺失指标处理

第一，由于2004年、2008～2013年工业企业数据库中缺少工业增加值指标，因此本书首先要利用现有指标计算工业增加值。目前，工业企业计算工业增加值时常用的两种方法是生产法[①]和收入法[②]。但由于2008～2013年缺少工业中间投入指标，无法根据生产法来计算工业增加值，因而本书采用收入法来计算工业增加值，具体计算公式如下：

工业增加值＝固定资产折旧＋劳动者报酬＋生产税净值＋营业盈余

$$(5-1)$$

---

① 生产法是从工业生产过程中产品和劳务价值形成的角度入手，剔除生产环节中间投入的价值，从而得到新增价值的方法，即：工业增加值＝工业总产值－工业中间投入＋本期应交增值税。

② 收入法是从工业生产过程中创造的原始收入初次分配的角度，对工业生产活动最终成果进行核算的一种方法。

其中，营业盈余可通过调整营业利润获取，近似认为，营业盈余 = 营业利润 – 劳动者报酬，因此，式（5 – 1）可以调整为：

$$工业增加值 = 营业利润 + 固定资产折旧 + 生产税净值 \qquad (5 - 2)$$

其中，生产税净值 = 生产税① – 生产补贴②，它反映政府从本期创造的增加值中所得到的原始收入份额。由于营业利润、固定资产折旧可以直接从工业企业数据库获取，生产税净值也可以根据工业企业数据库中相关指标计算获取。因此，本书可以采用收入法来获取 2004 年、2008 ~ 2013 年的工业增加值。在实际计算时会面临一个问题，2008 年、2009 年、2010 年补贴收入和本年折旧指标缺失，因此本书采用线性插值法进行补充。

第二，中间投入指标缺失值补充。由于本书打算采用 LP 法计算生产率，因此需要获取企业每年的中间投入指标数据。然而，工业企业数据库中 2008 ~ 2013 年中间投入指标数据缺失，因此要根据已有指标来获取中间投入指标数据。由于本书已通过收入法获取了 2008 ~ 2013 年工业增加值数据，因此可以根据生产法来倒推中间投入指标数据，即：

$$中间投入 = 工业总产值 – 工业增加值 + 本期应交增值税 \qquad (5 - 3)$$

其中，工业总产值和本期应交增值税可以直接从工业企业数据库获取，工业增加值通过式（5 – 2）获取。

第三，人均工资缺失值补充。人均工资 = （应付工资总额 + 应付福利费）/从业人数，由于工业企业数据库中 2008 年和 2009 年应付工资总额和应付福利费缺失，因此，本书采用线性插值法对 2008 年和 2009 年人均工资缺失值进行补充。

3. 企业全要素生产率计算

在生产函数的估计过程中，由于生产决策的同时性（Simultaneity）问题，生产率和生产要素投入之间存在相关性，导致传统 OLS 估计结果产生偏误（鲁晓东和连玉君，2012）。为此，本书采取了李文森和彼得林（Levinsohn and Petrin，2003）及彼得林等（Petrin et al.，2004）的 LP 生产率计算方法，用企业的中间投入作为生产率的代理变量来解决传统 OLS 方法所

---

① 生产税指政府对生产单位从事生产、销售和经营活动以及因从事这些活动使用某些生产要素所征收的各种税、附加费和规费。生产税包括营业税（已取消）、增值税、消费税、烟酒专卖专项收入、进口税、固定资产使用税、车船税、印花税、排污费、教育费附加、水电费附加等。

② 生产补贴是政府对生产单位在生产和经营活动中由于政策性的原因而产生的亏损所给予的财政补贴，通常有国家财政对企业的政策性亏损补贴等。补贴作为负税处理，包括政策亏损补贴、粮食系统价格补贴、外贸企业出口退税收入等。

带来的共时性偏误和样本选择偏误①。

4. 价格调整

本书将海关数据库中计算得到的企业加工贸易总进口、一般贸易总进口（一般贸易进口中用于中间品投入的部分）、加工贸易总出口、一般贸易总出口、出口额（直接出口额）和资本品折旧额按照当年人民币对美元汇率（年平均价）折算成人民币，同时为了使计价单位与工业企业数据库保持一致，将折算成的人民币再除以 1000。

5. HS 编码匹配

首先，本书将 2000～2013 年的 8 位数 HS 编码转换为 6 位数 HS 编码，用 6 位数 HS 编码来定义产品种类。其次，为保持产品种类分类标准的一致性，本书将 HS02、HS07 和 HS12 版本 6 位数编码统一转换到 HS96 版本。

6. 行业代码匹配

由于中国工业企业数据库中的行业分类进行过修订，为了统一口径，本书将 2000～2013 年工业企业数据库中的两位数行业代码统一对应到 GB/T 4754-2002 版本的两位数行业代码上②。

（二）模型构建与变量说明

根据第三章中构建的理论模型，本书以出口企业人均工资取对数作为被解释变量，以出口贸易边际和出口国内增加值作为核心解释变量建立如下面板数据模型：

$$\ln wage_{it} = \beta_0 + \sum_j \beta_j\, margin_{it} + \alpha \ln dva_{it} + \sum_k \lambda_k\, firmhete_{it}$$
$$+ \sum_l \varphi_l\, control_{it} + v_i + u_{it} \qquad (5-4)$$

其中，lnwage 表示出口企业人均工资取对数，作为被解释变量。解释变量主要有四类。

第一类为企业出口贸易边际 margin，包括价格边际、数量边际、产品种类边际和出口市场边际，具体计算与测度见式（4-1）、式（4-2）、式（4-3）和式（4-4），该类变量主要揭示企业出口增长结构性差异对工资溢价的不同影响。

---

① 相比用企业投资作为生产率代理变量的 OP 生产率计算方法，LP 方法具有更强的理论与方法关联性，与企业投资相比，中间投入与企业生产有更紧密的联系。此外，OP 方法对数据的要求更高，它要求企业每一期具有非零的投资。而中间投入品相对更为常用，也更为可靠。

② 中国工业企业数据库中国民经济行业分类分别在 1994 年、2002 年、2011 年进行了修订。

第二类为出口国内增加值取对数 lndva，dva 的具体计算与测度参见式 (4-12)，该类变量主要揭示企业出口国内增加值对工资溢价的影响。

第三类为企业异质性特征变量 firmhete。本书在已有经验研究基础上，加入了以下企业异质性特征变量：（1）企业规模 lnscale，用企业全部职工人数取对数来度量，该变量反映企业规模大小对工资溢价的影响。企业员工规模不同，其匹配员工的范围大小和需要支付的劳动匹配成本也会不同（Acemoglu and Shimer，1999），因此，支付给工人的工资水平也会存在差异，故本书采用企业全部职工人数取对数作为企业员工规模的代理变量纳入模型中。（2）企业绩效 ROA，用总资产利润率来度量，该变量反映了企业绩效对工资溢价的影响。根据租金分享理论，企业和工人就出口创造的剩余，即租金，进行讨价还价，从而分享企业剩余（于红霞和陈玉宇，2010），因此，笔者认为企业经营绩效的好坏会影响工人所能分享到的租金，故本书将企业绩效纳入模型中。（3）企业生产率水平，包括全要素生产率 TFP 和资本生产率 KP，其中全要素生产率 TFP 采用 LP 法计算得到，资本生产率 KP 由企业工业增加值除以总资产计算得到。该类变量反映了企业生产率水平差异对工资溢价的影响。企业全要素生产率 TFP 越高，意味着企业单位生产要素投入所能生产的产量越高，相应地支付给工人的工资水平也越高。现有研究也表明企业全要素生产率与工人工资水平存在显著的正相关关系（马述忠和王笑笑，2015；于洪霞和陈玉宇，2010；Bernard and Jensen，1995；等等）。资本生产率越高，意味着单位资本所能创造的工业增加值越多，所以企业的资本报酬越高且在收入分配中占有较大份额，导致劳动收入所占比重下降，相应的企业支付给劳动工人的工资也会受到影响。因此，本书将企业全要素生产率和资本生产率纳入模型中。（4）企业创新能力 lninno，本书采用企业出口产品种类取对数来度量企业创新能力，笔者认为企业出口产品种类越多，意味着企业的产品研发能力和创新能力越好，而企业的高创新研发能力让企业获利更多，因此，支付给工人的工资水平也越高（马述忠和王笑笑，2015）。故本书将企业创新能力纳入模型中。（5）企业年龄 lnage，为企业续存时间取对数，该变量主要控制企业的成立时间对工资溢价的影响。企业存续时间越久，意味着企业的经营状况和盈利能力相对较好，因此，企业支付给工人的工资水平也越高。故将企业年龄纳入模型中。（6）是否有补贴 sub，该变量为虚拟变量，当企业补贴值大于 0，sub = 1；否则取 0。笔者认为有无补贴会影响企业的生产经营决策，进而影响企业的盈利水平和支付给工人的工资水平。因此，本书将补贴纳入模型中。

第四类为控制变量 control，主要包括：（1）企业所有制虚拟变量 ownership，本书根据企业登记注册类型将企业按所有制类型划分为国有企业、外资企业（包括港澳台企业）和民营企业，并产生 3 个虚拟变量 state、foreign、private，分别代表国有企业、外资企业和民营企业。该类所有制虚拟变量主要用以控制企业所有制不同对出口企业工资溢价的影响。（2）地区虚拟变量 region，本书根据林毅夫等（2004）的划分标准，将 31 个省份按地理分布划分为 6 大区域，产生 5 个地区虚拟变量 region1、region2、region3、region4、region5，分别代表大城市、沿海省份、南方省份、北方省份、西南省份，而西北省份则作为基准地区①。该地区虚拟变量主要用以控制企业区位不同对工资溢价的影响。（3）时间冲击变量 year，若年份为 2009 ~ 2013 年，则 year = 1，否则 year = 0。该变量主要控制 2008 年全球金融危机冲击对企业出口工资溢价的影响。由于金融危机的影响通常具有一定的时滞性，因此本书将时间冲击变量设定为 2009 ~ 2013 年。事实上，从国家统计局网站数据可以看出，2008 年全球金融危机爆发时，中国无论是出口总额还是进口总额较 2007 年都有较大的增长，但 2009 年中国无论是出口总额还是进口总额较 2008 年都出现大幅度下降。因此，本书将金融危机的影响滞后一年具有一定的合理性。该时间冲击变量控制了与年份相关的影响因素。（4）产业虚拟变量 industry，本书参照刘慧（2015）中关于要素密集型行业划分标准，将两位数产业（13）~（20）界定为劳动力要素密集型行业，（21）~（42）界定为资本要素密集型行业，若企业所在行业为资本要素密集型行业，则 industry = 1，否则 industry = 0。该产业虚拟变量主要用以控制企业所属产业不同对出口工资溢价的影响。具体见表 5 - 9。

表 5 - 9　　　　　　　　　　　模型中的变量、符号及含义

变量	符号	含义
被解释变量：人均工资	lwage	企业人均工资取对数
解释变量：		
出口异质性特征变量		

① 6 大区域分别为 3 个大城市（北京、天津、上海）、6 个沿海省份（辽宁、江苏、浙江、福建、山东、广东）、5 个南方省份（江西、湖北、湖南、广西、海南）、7 个北方省份（河北、山西、内蒙古、吉林、黑龙江、安徽、河南）、4 个西南省份（四川、重庆、云南、贵州）、6 个西北省份（西藏、陕西、甘肃、青海、宁夏、新疆）。

续表

变量	符号	含义
贸易边际：价格边际	PM	见式（4-1）
数量边际	QM	见式（4-2）
产品种类边际	VM	见式（4-3）
出口市场边际	MM	见式（4-4）
出口国内增加值	lndva	见式（4-12）
企业异质性特征变量		
企业规模	lnscale	企业全部职工人数取对数
企业绩效：总资产利润率	ROA	利润总额/总资产
企业生产率：全要素生产率	TFP	采用LP法计算得到
资本生产率	KP	企业工业增加值/总资产
企业创新能力	lninno	企业出口产品种类取对数
企业年龄	lnage	企业续存时间取对数
是否有补贴（虚拟变量）	sub	出口补贴值大于0，sub=1，否则取0
控制变量		
国有企业[a]（虚拟变量）	state	国有企业state=1，否则取0
外资企业[a]（虚拟变量）	foreign	外资企业foreign=1，否则取0
民营企业[a]（虚拟变量）	private	民营企业private=1，否则取0
大城市[b]（虚拟变量）	region1	大城市region1=1，否则取0
沿海省份[b]（虚拟变量）	region2	沿海省份region2=1，否则取0
南方省份[b]（虚拟变量）	region3	南方省份region3=1，否则取0
北方省份[b]（虚拟变量）	region4	北方省份region4=1，否则取0
西南省份[b]（虚拟变量）	region5	西南省份region5=1，否则取0
时间冲击变量（虚拟变量）	year	年份为2009~2013年，year=1，否则取0
产业虚拟变量	industry	资本要素密集型行业industry=1，否则取0

注：参照基准：a为其他类型企业；b为西北省份。

此外，由于长期劳动合同、效率工资、最低工资法、工会和集体谈判等，企业工资水平的调整往往存在一定的滞后效应，企业当期工资水平往往会受到其过去工资水平的影响，因此，本书参考了包群和邵敏（2010）的做法，引入了工资水平的滞后项，将式（5-4）扩展为动态面板数据模型。动态面板模型的好处在于当模型中一些解释变量存在内生性时，可以通过动态面板数据的计量方法消除模型估计的内生性偏误，从而获得解释变量系数的一致性估计（Roodman，2006）。因此，本书构建了如下一阶自回归分布滞后模型：

$$lwage_{it} = \beta_0 + \gamma\, lwage_{it-1} + \sum_j \beta_j\, margin_{it} + \alpha lndva_{it}$$

$$+ \sum_k \lambda_k\, firmhete_{it} + \sum_l \varphi_l\, control_{it} + v_i + u_{it} \qquad (5-5)$$

其中，$lwage_{it-1}$ 为工资水平的一阶滞后项，v_i 为企业特定效应，u_{it} 为随机扰动项，且 $E(v_i) = E(u_{it}) = E(v_i \times u_{it}) = 0$。

综上，计算得到 39264 家企业的主要变量描述性统计结果如表 5 – 10 所示。

表 5 – 10　　　　　　　　模型中主要变量描述性统计结果

变量	单位	均值	标准差	最大值	最小值
wage	千元	36.64	280.38	30485.8	0.013
PM	—	− 0.06	1.88	70.33	− 98.90
QM	—	0.381	3.67	469.40	− 0.10
VM	—	0.87	123.54	24157.10	− 0.99
MM	—	4.56	415.30	58063.77	− 1.0
dva	千元	115902	533171	30256080	0
scale	人	771.48	1502.78	55378	1
ROA	—	0.07	0.16	9.08	− 2.44
TFP	—	6.09	1.21	11.66	− 2.55
KP	—	0.32	0.55	51.60	− 2.28
inno	种	9.44	12.42	196	1
age	年	14.58	8.66	114	1

二、模型估计与回归结果分析

（一）模型估计

本书首先采用 OLS 法对式（5 – 5）进行估计，但由于 OLS 估计忽略了未观测到的企业特定效应 v_i，从而使得模型估计结果有偏。其次，本书运用组内估计量（within estimator），即固定效应对式（5 – 5）进行估计，解决了模型中不随时间而变但随个体而异的遗漏变量问题（陈强，2014）。

但 FE 估计方法仍然存在一个问题,即模型中 lwage 的滞后一期值和滞后二期值虽然与当期残差项 u_{it} 无关,但是它与滞后一期的残差项和滞后二期的残差项相关,因此,当残差项 u_{it} 存在自相关时,会导致 $lwage_{it-1}$ 和 $lwage_{it-2}$ 与残差项 u_{it} 相关而引致内生性问题,导致组内估计量(FE)是有偏且不一致的(Nickell,1981),即所谓的动态面板偏差(Dynamic panel bias)。对于动态面板数据模型,要得到一致的估计量,可以采用广义矩估计法(GMM)。因此,本书运用了阿雷拉诺和邦德(Arellano and Bond,1991)的广义矩估计法对式(5-5)进行估计。GMM 估计方法主要有差分 GMM(DIF-GMM)和系统 GMM(SYS-GMM)。与差分 GMM 相比,系统 GMM 的优点是不仅可以提高估计的效率,而且可以估计不随时间变化的变量的系数。事实上,不管是使用差分 GMM 估计还是系统 GMM 估计,前提条件都是扰动项 u_{it} 不存在自相关,然而表 5-11 的回归结果表明差分 GMM 估计的扰动项不满足一阶自相关、二阶不相关的条件。因此,本书最终选择系统 GMM 估计进行回归结果分析。系统 GMM 估计能否获得一致的估计结果,关键在于工具变量的选择是否有效、残差项是否存在自相关。为此,本书对系统 GMM 采用 Hansen 检验来判断工具变量的有效性,采用 AR(1)、AR(2)统计值来检验残差项是否存在一阶自相关、二阶不相关。同时,本书还用 Difference-in-Hansen 检验了工具变量的外生性。

(二)潜在的内生性考虑

考虑到企业全要素生产率 TFP 和工人工资水平间可能存在相互影响的关系,一方面,企业全要素生产率越高,意味着企业单位生产要素投入所能生产的产品数量就越多,因此,企业单位成本越低,企业所能获取的利润就会越高,相应的支付给工人的工资水平也越高;另一方面,高工资将有利于企业筛选出高能力的员工,员工能力的高低会直接影响企业的全要素生产率,因此,企业全要素生产率 TFP 存在内生性问题。另外,企业出口国内增加值与企业出口工资溢价间可能也存在双向因果关系。一方面,正如本章第一节所述那样,企业出口国内增加值会通过直接途径和间接途径作用于出口企业工人的工资水平。另一方面,高工资可能会激励员工为提高产品附加值和企业真实贸易利得而努力,从而促进企业出口国内增加值的提高,因此,企业出口国内增加值也存在内生性问题。故本节将变量 $lwage_{it-1}$、$lwage_{it-2}$、TFP 和 lndva 作为内生变量,分别使用其 2~3 阶滞后值作为相应的工具变量,而将其他控制变量视作外生变量。

如表 5-11 所示,回归结果表明,数量边际对企业出口工资溢价的影响较大，种类边际次之，出口市场边际较小，而价格边际对企业出口工资溢价并未产生显著影响。具体而言，价格边际对出口企业工资水平有正向影响，但并不显著。这一结论与研究假设 2 有所出入。虽然从价格边际对企业出口工资溢价的作用机理来看，企业产品质量越高，意味着企业产品竞争力越好，产品附加值越高，企业盈利水平也越高，相应支付给工人的工资水平也越高。但中国大部分企业由于价格变动带来的出口增长微乎其微，由表 4 - 1 可见，2001 ~ 2013 年大部分年份企业价格边际远远低于数量边际、产品种类边际和出口市场边际，这意味着企业由于价格变动带来的出口增长很小，因此，价格边际对出口企业工人工资水平的提升并不明显。这也反映了中国大部分企业出口的是劳动密集型产品，附加值低，产品价格提升的空间非常有限。数量边际对出口企业工人工资水平有显著的提升作用，这一回归结果与研究假设 5 - 4 保持一致。企业由于数量变动引起的出口增长越多，意味着企业原有出口市场、原有产品种类的销量越好，出口收益也越高，相应地支付给工人的工资水平也越高。产品种类边际对出口企业工人工资水平有显著的正向影响，企业原有出口市场上出口产品种类扩张得越快，则越能提高出口企业工人的工资水平。产品种类边际反映了企业新增产品种类引起的出口增长，在某种程度上新增产品种类越多，意味着企业投入的研发力度越大，而企业也可以凭借差异化的创新产品获取更多的利润，因此支付给工人的工资水平也相应更高。这一结论为研究假设 5 - 1 提供了实证依据，即产品种类边际对企业出口工资溢价的影响主要是通过间接途径实现的。而出口市场边际对出口企业工人工资水平的提升存在显著的抑制作用，企业出口市场扩张越快，出口企业工人的工资水平反而越低。原因可能在于，企业进入每一个出口市场都存在一定的固定沉没成本，这些成本包括了解国外市场、在国外建立新的分销渠道、确保产品符合国外的标准（包括检验、包装等）、学习国外规制环境等。而新的贸易关系往往不稳定，出口额所占比重较小（Besedes and Prusa, 2011），因此企业新增出口市场出口量的增长往往较小，难以弥补其巨大的出口固定沉没成本，导致企业利润反而下降，企业为降低成本，可能会相应降低工人的工资水平。这一结论为研究假设 5 - 5 提供了实证依据，即企业新增出口市场销量的增加不足以弥补巨大的出口固定成本。出口国内增加值对出口企业工人工资水平有显著的正向作用，即企业出口国内增加值越多，企业支付给工人的工资也相应越高。原因可能在于企业的出口国内增加值越多，企业越可能是高新技术产业，因此，对工人的技术水平要求也越高，企业相应地支付给工人的工资水平也相对越高。另外，企业出口国内增加值反映了企业在全球价值链中所获产品附加值的能力和真实利益（史青和赵跃叶，2020），因此，企业的出口国内增加值越多，意味着企业的产品附加值越高，企业能获取的真实利益也越高，因此，工人能分享的真实利益也越多，支付给工人的工资也相应越高。这一结论与研究假设 5 - 3 保持一致。

表 5 - 11   工资方程的估计结果

解释变量	OLS	FE	DIF-GMM	SYS-GMM
$lwage_{it-1}$	0. 5798 ***	0. 3571 ***	0. 9040 ***	0. 6268 ***
	(0. 0140)	(0. 0143)	(0. 1307)	(0. 0752)
$lwage_{it-2}$	0. 1506 ***	0. 0211 **	0. 0011	0. 0060
	(0. 0115)	(0. 0103)	(0. 0297)	(0. 0201)
PM	0. 0006	− 0. 00007	0. 0022	0. 0028
	(0. 0015)	(0. 0013)	(0. 0032)	(0. 0028)
QM	0. 0008	0. 0003	0. 0001	0. 0046 *
	(0. 0012)	(0. 0010)	(0. 0029)	(0. 0026)
VM	0. 00005 ***	0. 00005 ***	0. 00007 ***	0. 00006 ***
	(0. 000007)	(0. 000007)	(0. 00001)	(0. 00002)
MM	− 0. 0000003	0. 00002 ***	− 0. 000005 **	− 0. 000007 ***
	(0. 000002)	(0. 0000004)	(0. 000002)	(0. 000002)
lndva	0. 0368 ***	0. 0802 ***	0. 0132	0. 0879 ***
	(0. 0028)	(0. 0050)	(0. 0520)	(0. 0326)
TFP	0. 0717 ***	0. 0476 ***	0. 1683 ***	0. 1149 ***
	(0. 0043)	(0. 0048)	(0. 0490)	(0. 0269)
ROA	0. 0034	0. 1127 ***	− 0. 5159	− 0. 6775
	(0. 0286)	(0. 0339)	(0. 8799)	(0. 4904)
sub	0. 0194 ***	0. 0314 ***	− 0. 0099	0. 1845 ***
	(0. 0060)	(0. 0082)	(0. 0206)	(0. 0467)
lninno	0. 0114 ***	0. 0338 ***	0. 0151	0. 1048 ***
	(0. 0028)	(0. 0071)	(0. 0185)	(0. 0363)
lnage	0. 0715 ***	0. 6252 ***	0. 1045	0. 6131 ***
	(0. 0072)	(0. 0237)	(0. 2066)	(0. 0890)
KP	− 0. 0624 ***	− 0. 0463 ***	− 0. 4409 ***	− 0. 2077 **
	(0. 0143)	(0. 0132)	(0. 1642)	(0. 0933)

续表

解释变量	OLS	FE	DIF-GMM	SYS-GMM
lnscale	−0.0677 *** (0.0047)	−0.3548 *** (0.0145)	−0.0261 (0.3021)	−0.6030 *** (0.0742)
region	yes	yes	yes	yes
ownership	yes	yes	yes	yes
year	yes	yes	yes	yes
industry	yes	yes	yes	yes
adj-R^2	0.6199	0.4114		
AR（1）[a]			−6.18 (0.000)	−8.02 (0.000)
AR（2）[b]			2.62 (0.009)	1.78 (0.076)
Hansen Test[c]			0.452	0.147
GMM-IVs[d]				0.980
IV-IVs[e]			0.989	0.984

注：估计系数下方括号中数据对应估计系数的标准差，***、**和*分别代表1%、5%和10%的显著性水平。a和b分别表示模型估计的一阶自相关和二阶自相关检验，原假设为"模型不存在一阶/二阶自相关"。c为Hansen工具变量有效性检验的相伴概率值，原假设为"所有工具变量均有效"。d和e为工具变量外生性检验的相伴概率值，原假设为"工具变量为外生变量"。

企业全要素生产率TFP的估计系数显著为正，即企业的全要素生产率越高，企业支付给工人的工资水平也越高。企业全要素生产率越高，意味着企业单位生产要素投入所能生产的产量越高，因此，企业单位成本越低，企业所能获取的利润也越高，相应地支付给工人的工资水平也越高。事实上，这一结论与伯纳德和詹森（Bernard and Jensen, 1995）等的观点一致，也与研究假设5-6保持一致。企业资本生产率KP的估计系数显著为负，意味着企业的资本生产率越高，企业支付给工人的工资水平反而越低。这是由于资本生产率越高，意味着单位资本所能创造的工业增加值越多，因而企业的资本报酬越高且在收入分配过程中占有较大份额，导致劳动收入所占比重下降，相应地企业支付给劳动工人的工资也较低。企业续存时间对工人工资水平有显著的正向作用，即企业存续时间越久，意味着企业的经营状况和盈利能力相对较好，因此，企业支付给工人的工资水平也越高。另外，企业存续时间越久，意味着部分员工在企业的工作年限也越久，相应地支付给他们的工资水平也越高。企业规模对工人工资水平的提高有显著的抑制作用，原因可能在于我们的样本企业均为规模以上的大型企业，即 2000~2010 年数据包括全部国有企业和年主营业务收入 500 万元及以上的非国有企业，2011~2013 年规模以上数据标准改为所有年主营业务收入 2000 万元及以上的工业企业，企业规模过大导致规模不经济的存在，反而抑制了企业工资水平的提升（陈继勇等，2016）。企业创新能力对出口企业工人工资水平有显著正向影响，企业的高创新研发能力让企业获利更多，因此支付给工人的工资水平也越高（马述忠和王笑笑，2015）。补贴对出口企业工人工资水平有显著的正向影响，获得补贴的企业支付给工人的工资水平更高。另外，总资产利润率 ROA 对出口企业工人工资水平有正向作用，但不显著。

三、稳健性分析

为了得到稳健的估计结果，本书分别考虑了不同情形对回归结果的影响：首先是异常样本的影响。本书分别考虑了三种异常样本点对估计结果的影响，即工资异常样本点、贸易边际异常样本点、出口国内增加值异常样本点。其次是控制变量的再度量，本书用净资产利润率替代总资产利润率，用具体补贴金额替代是否有补贴（虚拟变量）进行稳健性分析。最后考虑出口国内增加值贸易的时滞效应。

（一）异常样本点的影响

首先，本书考虑工资异常样本点的情形。本书以初始时期（2001 年）企业人均工资为准，分别计算其 10% 和 90% 分位数，以这两个百分位数为标准将企业人均工资低于 10% 分位数和高于 90% 分位数的企业从样本中剔除，得到 2648 家样本企业，并以 2001 年样本企业为准，构建平衡面板数据，最后得到总体样本观测数为 31776 家。

其次，本书考虑贸易边际异常样本点的情形。同样，本书以初始时期（2001 年）为准，分别考虑价格边际、数量边际、产品种类边际与出口市场边际异常样本点的影响。例如，本书以 2001 年企业价格边际为准，分别计算其 10% 和 90% 分位数，以这两个百分位数为标准将企业价格边际低于 10% 分位数和高于 90% 分位数的企业从样本中剔除，得到 2650 家样本企业，并以 2001 年样本企业为准，构建平衡面板数据，最后得到总体样本观测数为 31800 家。数量边际、产品种类边际与出口市场边际采取同样的方法，剔除低于 10% 分位数和高于 90% 分位数的企业后，分别得到 2903 家、

2952 家、2318 家样本企业，并以此样本企业为准，分别构建相应的平衡面板数据，最终得到总体样本观测数分别为 34836 家、35424 家和 27816 家。

最后，本书考虑企业出口国内增加值异常样本点的情形。本书以初始时期（2001 年）企业出口国内增加值为准，分别计算其 10% 和 90% 分位数，以这两个百分位数为标准将企业出口国内增加值低于 10% 分位数和高于 90% 分位数的企业从样本中剔除，得到 2196 家样本企业，并以 2001 年样本企业为准，构建平衡面板数据，最后得到总体样本观测数为 26352 家。

在剔除相应的异常样本点后，本书采取与前述相同的方法分别对模型进行系统 GMM 估计，主要估计结果见表 5 – 12。由表 5 – 12 可见，在剔除异常样本点后，$lwage_{it-1}$ 通过了显著性检验，$lwage_{it-2}$ 未通过显著性检验。价格边际仍未通过显著性检验，数量边际、产品种类边际的估计系数大部分都显著为正，而出口市场边际的估计系数仍显著为负。出口国内增加值的估计系数仍然显著为正。另外，在剔除相应异常样本点后的估计过程中，本书根据二阶自相关检验、Hansen 工具变量的有效性检验和 Hansen 工具变量的外生性检验选择恰当的工具变量，表 5 – 12 所列估计结果均通过了上述三个检验。由此可见，式（5 – 5）的系统 GMM 主要估计结果并不受异常样本点的影响，估计结果较为稳健。

表 5 – 12　　　　　　　　剔除异常样本点后的估计结果

解释变量	工资异常	价格边际异常	数量边际异常	种类边际异常	出口市场边际异常	出口国内增加值异常
$lwage_{it-1}$	0. 7074 *** (0. 0820)	0. 5899 *** (0. 0971)	0. 5862 *** (0. 0744)	0. 5439 *** (0. 0767)	0. 6752 *** (0. 0931)	0. 5701 *** (0. 0870)
$lwage_{it-2}$	0. 0140 (0. 0227)	0. 0127 (0. 0227)	0. 0208 (0. 0197)	0. 0302 (0. 0193)	0. 0203 (0. 0223)	0. 0163 (0. 0212)
PM	0. 0050 (0. 0040)	0. 0032 (0. 0034)	0. 0045 (0. 0028)	0. 0029 (0. 0034)	0. 0067 (0. 0047)	0. 0040 (0. 0031)
QM	0. 0026 (0. 0030)	0. 0075 *** (0. 0023)	0. 0067 ** (0. 0028)	0. 0054 * (0. 0031)	0. 0063 (0. 0058)	0. 0077 *** (0. 0026)
VM	0. 00005 *** (0. 00002)	0. 00006 *** (0. 000008)	0. 00005 *** (0. 00001)	0. 00006 *** (0. 000008)	0. 00004 ** (0. 00002)	0. 00005 *** (0. 000008)
MM	− 0. 000006 ** (0. 000002)	− 0. 000006 ** (0. 000002)	− 0. 000004 * (0. 000002)	− 0. 00001 *** (0. 000003)	− 0. 000007 ** (0. 000003)	− 0. 00001 *** (0. 000001)

续表

解释变量	工资异常	价格边际异常	数量边际异常	种类边际异常	出口市场边际异常	出口国内增加值异常
lndva	0. 0975 ***	0. 1049 ***	0. 0986 ***	0. 0835 **	0. 1008 **	0. 1152 ***
	(0. 0304)	(0. 0339)	(0. 0327)	(0. 0355)	(0. 0393)	(0. 0335)
TFP	0. 1018 ***	0. 0730 ***	0. 1158 ***	0. 0736 **	0. 0967 ***	0. 1346 ***
	(0. 0301)	(0. 0210)	(0. 0277)	(0. 0291)	(0. 0289)	(0. 0275)
ROA	− 0. 1585	0. 1601	− 0. 1026	− 0. 0476	0. 1097	0. 0995
	(0. 6188)	(0. 4399)	(0. 4348)	(0. 4456)	(0. 1966)	(0. 1150)
sub	0. 0187	0. 0165	0. 1780	− 0. 1663	0. 1052	0. 1922 ***
	(0. 1368)	(0. 1543)	(0. 0496)	(0. 1292)	(0. 1901)	(0. 0691)
lninno	0. 0999	0. 0646	0. 0511	0. 1354 ***	0. 0813	0. 0497
	(0. 1076)	(0. 0416)	(0. 0323)	(0. 0387)	(0. 1133)	(0. 0340)
lnage	0. 3960 ***	0. 5525 ***	0. 5985 ***	0. 6281 ***	0. 4714 ***	0. 6243 ***
	(0. 1230)	(0. 1204)	(0. 0894)	(0. 0938)	(0. 1357)	(0. 0817)
KP	− 0. 2457 **	− 0. 1362 *	− 0. 2370 **	− 0. 2106 **	− 0. 1784 *	− 0. 2750 **
	(0. 1136)	(0. 0805)	(0. 0963)	(0. 0890)	(0. 1000)	(0. 0863)
lnscale	− 0. 5781 ***	− 0. 5393 ***	− 0. 5509 ***	− 0. 6277 ***	− 0. 4435 ***	− 0. 5812 ***
	(0. 0823)	(0. 0719)	(0. 0748)	(0. 0791)	(0. 0858)	(0. 0673)
region	yes	yes	yes	yes	yes	yes
ownership	yes	yes	yes	yes	yes	yes
year	yes	yes	yes	yes	yes	yes
industry	yes	yes	yes	yes	yes	yes
AR (1)[a]	− 8. 04	− 6. 63	− 7. 96	− 7. 74	− 7. 86	− 7. 37
	(0. 000)	(0. 000)	(0. 000)	(0. 000)	(0. 000)	(0. 000)
AR (2)[b]	1. 53	1. 88	1. 56	1. 02	1. 37	1. 88
	(0. 127)	(0. 060)	(0. 119)	(0. 310)	(0. 170)	(0. 060)
Hansen Test[c]	0. 094	0. 174	0. 351	0. 160	0. 058	0. 052
GMM-IVs[d]	0. 988	0. 960	0. 865	0. 943	0. 880	0. 832
IV-IVs[e]	0. 721	0. 998	0. 995	0. 952	0. 949	0. 936

注：估计系数下方括号中数据对应估计系数的标准差，***、** 和 * 分别代表1%、5% 和 10% 的显著性水平。a 和 b 分别表示模型估计的一阶自相关和二阶自相关检验，原假设为"模型不存在一阶/二阶自相关"。c 为 Hansen 工具变量有效性检验的相伴概率值，原假设为"所有工具变量均有效"。d 和 e 为工具变量外生性检验的相伴概率值，原假设为"工具变量为外生变量"。

（二）控制变量的再度量

总资产利润率 ROA（利润总额/总资产）代表的是企业利用资金进行盈利活动的能力，这种资金既包括所有者投入的自有资金，也包括企业承担并需要偿还的负债，总资产利润率反映的是企业利用自有资金和负债盈利的能力。而净资产利润率 ROE（利润总额/所有者权益）体现了企业利用自有资本获得收益的能力，该指标越高，说明投资带来的收益越高，企业所有者权益的获利能力越好。显然，净资产利润率 ROE 反映了企业绩效水平，因此本书使用净资产利润率 ROE 替代总资产利润率 ROA 进行稳健性分析。另外，本书用具体补贴金额 si 来替代企业是否享有补贴 sub（虚拟变量）进行稳健性分析。表 5 – 13 中的第三、第四列是相应的回归结果，其中核心解释变量的回归结果和前面基本保持一致。另外，上述回归通过了二阶自相关检验、Hansen 工具变量的有效性检验和 Hansen 工具变量的外生性检验。由此可见，式（5 – 5）的系统 GMM 主要估计结果较为稳健。

（三）出口国内增加值贸易的时滞效应

出口国内增加值贸易对企业工人工资水平的影响可能会存在一定的时滞效应，因此本书将出口国内增加值滞后一期作为稳健性检验。由表 5 – 13 最后一列可见，滞后一期的企业出口国内增加值对企业工人工资水平有显著的正向影响，企业上一期出口国内增加值越多，当期工人工资水平也会越高。其他核心解释变量的回归结果和前文基本保持一致，且上述回归通过了二阶自相关检验、Hansen 工具变量的有效性检验和 Hansen 工具变量的外生性检验，进一步验证了式（5 – 5）的系统 GMM 估计结果较为稳健。

表 5 – 13　　控制变量再度量和出口国内增加值时滞效应回归结果

解释变量	SYS-GMM	控制变量再度量 1	控制变量再度量 2	时滞效应
$lwage_{it-1}$	0.6268 *** (0.0752)	0.5774 *** (0.0768)	0.5735 *** (0.0691)	0.6056 *** (0.0708)
$lwage_{it-2}$	0.0060 (0.0201)	0.0125 (0.0202)	0.0160 (0.0178)	0.0282 (0.0196)

续表

解释变量	SYS-GMM	控制变量 再度量 1	控制变量 再度量 2	时滞效应
PM	0.0028 (0.0028)	0.0031 (0.0029)	0.0031 (0.0028)	0.0069 (0.0045)
QM	0.0046 * (0.0026)	0.0051 * (0.0028)	0.0050 * (0.0027)	0.0073 * (0.0043)
VM	0.00006 *** (0.00002)	0.00005 *** (0.00002)	0.00005 *** (0.00002)	0.00005 *** (0.00002)
MM	− 0.000007 *** (0.000002)	− 0.000005 ** (0.000002)	− 0.000004 * (0.000002)	− 0.000008 *** (0.000002)
lndva	0.0879 *** (0.0326)	0.0874 *** (0.0332)	0.0869 *** (0.0315)	
L. lndva				0.2168 *** (0.0443)
TFP	0.1149 *** (0.0269)	0.0952 *** (0.0268)	0.0882 *** (0.0231)	0.1017 *** (0.0310)
ROA	− 0.6775 (0.4904)	− 0.5161 (0.4979)		− 0.2549 (0.5367)
ROE			0.0032 (0.0073)	
sub	0.1845 *** (0.0467)			0.1432 *** (0.0513)
si		0.00001 *** (0.000004)	0.00001 *** (0.000004)	
lninno	0.1048 *** (0.0363)	0.1291 *** (0.0360)	0.1152 *** (0.0310)	0.0363 (0.0355)
lnage	0.6131 *** (0.0890)	0.6483 *** (0.0958)	0.6432 *** (0.0918)	0.3307 *** (0.1260)
KP	− 0.2077 ** (0.0933)	− 0.2145 ** (0.0916)	− 0.2240 *** (0.0834)	− 0.1634 * (0.0985)

续表

解释变量	SYS-GMM	控制变量 再度量1	控制变量 再度量2	时滞效应
lnscale	− 0. 6030 *** （0. 0742）	− 0. 6377 *** （0. 0764）	− 0. 6174 *** （0. 0687）	− 0. 5253 *** （0. 0667）
region	yes	yes	yes	yes
ownership	yes	yes	yes	yes
year	yes	yes	yes	yes
industry	yes	yes	yes	yes
AR（1）[a]	− 8. 02 （0. 000）	− 7. 64 （0. 000）	− 8. 07 （0. 000）	− 8. 72 （0. 000）
AR（2）[b]	1. 78 （0. 076）	1. 31 （0. 189）	1. 47 （0. 142）	1. 62 （0. 106）
Hansen Test[c]	0. 147	0. 258	0. 115	0. 166
GMM-IVs[d]	0. 980	0. 978	0. 985	0. 970
IV-IVs[e]	0. 984	0. 988	0. 973	0. 861

注：估计系数下方括号中数据对应估计系数的标准差，***、**和*分别代表1%、5%和10%的显著性水平。a和b分别表示模型估计的一阶自相关和二阶自相关检验，原假设为"模型不存在一阶/二阶自相关"。c为Hansen工具变量有效性检验的相伴概率值，原假设为"所有工具变量均有效"。d和e为工具变量外生性检验的相伴概率值，原假设为"工具变量为外生变量"。

第四节　贸易边际、出口国内增加值对企业出口工资溢价影响：拓展回归

由基准回归结果可知，在控制了企业所有制虚拟变量、地区虚拟变量、年份虚拟变量和产业虚拟变量后，价格边际对出口企业工人工资水平有正向影响，但不显著，数量边际和产品种类边际对出口企业工人工资水平有显著的正向影响，而出口市场边际反而降低了出口企业工人的工资水平。从出口国内增加值看，企业出口国内增加值越多，企业支付给工人的工资水平也越高，即出口国内增加值与企业工人工资水平存在显著的正相关关系。然而，正如表5-5、表5-6、表5-7和表5-8所示，企业出口国内增加值、贸易边际对出口工资溢价的影响在不同特征的企业之间会存在差异。因此，为了更深入考察企业出口国内增加值、贸易边际对出口企

业工资溢价的影响，本节从不同收入组、不同贸易方式、不同产品用途等方面做了进一步拓展分析。

一、不同收入组的影响

由表5-5可知，不同收入组（高收入组、中收入组、低收入组）的贸易边际、出口国内增加值与企业人均工资水平间的关系存在差异，因此本节按照不同收入组进行分组回归，以反映不同收入组贸易边际、出口国内增加值对企业人均工资水平的不同影响。具体操作：参照国家统计局对收入五等份分组法，将被解释变量进行分组：以初始时期（2001年）为准，先将企业人均工资水平从高到低进行排列，企业人均工资水平排列前20%的为高收入组，企业人均工资水平排列在中间60%的为中收入组，企业人均工资水平排列后20%的为低收入组①。分组后，低收入组样本企业654家，中收入组样本企业1962家，高收入组样本企业656家。接着，本节采取系统GMM估计方法，对式（5-5）进行分组回归，估计结果见表5-14。由表5-14可见，不管高收入组、中收入组还是低收入组，工资滞后一期变量都通过了显著性检验，而工资滞后两期变量都未通过显著性检验。

表5-14　　　　　　　　　　不同收入组回归估计结果

解释变量	基准回归	高收入组	中收入组	低收入组
$lwage_{it-1}$	0.6268 *** (0.0752)	0.6164 *** (0.1249)	0.6553 *** (0.1092)	0.6828 *** (0.1323)
$lwage_{it-2}$	0.0060 (0.0201)	-0.0147 (0.0431)	0.0347 (0.0266)	0.0111 (0.0328)
PM	0.0028 (0.0028)	-0.0036 (0.0104)	0.0085 ** (0.0043)	0.0002 (0.0045)
QM	0.0046 * (0.0026)	0.0002 (0.0085)	0.0026 (0.0023)	0.0046 (0.0041)
VM	0.00006 *** (0.00002)	-0.0028 * (0.0016)	0.00005 *** (0.00002)	0.0105 * (0.0057)

---

① 在国家统计局发布的年度数据中，全国居民人均可支配收入按照五等份分组，处于最高20%的收入群体为高收入组，依此类推依次为中等偏上收入组、中等收入组、中等偏下收入组、低收入组。而本节将中等偏上收入组、中等收入组、中等偏下收入组都作为中等收入组。

续表

解释变量	基准回归	高收入组	中收入组	低收入组
MM	− 0. 000007 ***	0. 0004 **	− 0. 000007 ***	0. 0001
	(0. 000002)	(0. 0002)	(0. 000003)	(0. 0004)
lndva	0. 0879 ***	0. 1372 ***	0. 0594 *	0. 0150
	(0. 0326)	(0. 0391)	(0. 0344)	(0. 0477)
TFP	0. 1149 ***	0. 0946 *	0. 0884 *	0. 0360
	(0. 0269)	(0. 0547)	(0. 0479)	(0. 0410)
ROA	− 0. 6775	0. 1441	− 0. 0724	0. 8754 **
	(0. 4904)	(0. 4269)	(0. 7047)	(0. 3811)
sub	0. 1845 ***	− 0. 0495	0. 1695 ***	− 0. 3569
	(0. 0467)	(0. 1660)	(0. 0612)	(0. 2592)
lninno	0. 1048 ***	− 0. 2045 *	0. 1115	0. 2524 **
	(0. 0363)	(0. 1072)	(0. 1154)	(0. 1030)
lnage	0. 6131 ***	0. 4773 ***	0. 5700 ***	0. 3716 **
	(0. 0890)	(0. 1588)	(0. 1901)	(0. 1458)
KP	− 0. 2077 **	− 0. 2806	− 0. 1518	− 0. 1566 *
	(0. 0933)	(0. 2554)	(0. 1699)	(0. 0890)
lnscale	− 0. 6030 ***	− 0. 4110 ***	− 0. 6361 ***	− 0. 1304
	(0. 0742)	(0. 1194)	(0. 1024)	(0. 0980)
region	yes	yes	yes	yes
ownership	yes	yes	yes	yes
year	yes	yes	yes	yes
industry	yes	yes	yes	yes
AR (1)[a]	− 8. 02	− 4. 93	− 5. 55	− 5. 09
	(0. 000)	(0. 000)	(0. 000)	(0. 000)
AR (2)[b]	1. 78	1. 48	0. 71	1. 96
	(0. 076)	(0. 140)	(0. 48)	(0. 055)
Hansen Test[c]	0. 147	0. 415	0. 318	0. 194
GMM-IVs[d]	0. 980	0. 725	0. 917	0. 773
IV-IVs[e]	0. 984	0. 688	0. 683	0. 128

注：估计系数下方括号中数据对应估计系数的标准差，*** 、** 和 * 分别代表 1% 、5% 和 10% 的显著性水平。a 和 b 分别表示模型估计的一阶自相关和二阶自相关检验，原假设为"模型不存在一阶/二阶自相关"。c 为 Hansen 工具变量有效性检验的相伴概率值，原假设为"所有工具变量均有效"。d 和 e 为工具变量外生性检验的相伴概率值，原假设为"工具变量为外生变量"。

　　从贸易边际的估计结果看，价格边际在高收入组和低收入组中都不显著，而在中收入组中显著为正，说明中收入组企业价格边际越高，企业支付给工人的工资水平也相应越高。这可能是由于企业价格边际越高，意味着企业的产品质量越好，企业产品的市场竞争力越强，同时产品质量越高对工人的技能要求也越高，而又由于企业属于中收入组，因此，工资水平还有进一步提升的空间。数量边际不管是在高收入组、中收入组还是低收入组中都不显著。产品种类边际在中收入组和低收入组中显著为正，而在高收入组中却显著为负。原因可能在于高收入组企业中工人的劳动生产率已经最大化，如果企业投入大量人力物力去研发新的产品种类反而会降低员工的劳动生产率，从而导致企业效益下降，工人工资水平下降。出口市场边际在中收入组企业中显著为负，而在高收入组中却显著为正。这可能是由于高收入组企业大多为高新技术企业，产品技术含量高，且市场竞争力好，因此其产品在新出口市场上的销量也较高。虽然企业进入每一个出口市场都存在一定的固定沉没成本，但由于产品科技含量高，市场竞争力好，企业在新出口市场上出口量的增加足以弥补巨大的出口沉没成本，从而带来企业效益的增加，工人工资水平也相应得到提高。从出口国内增加值估计结果看，高收入组和中收入组都显著为正，与基准回归结果保持一致，而低收入组中企业出口国内增加值对工人工资水平有正向影响，但不显著。

　　从其他企业异质性特征变量的估计结果看，高收入组和中收入组企业全要素生产率 TFP 的估计系数均显著为正，企业规模 lnscale 的估计系数显著为负，与基准回归结果保持一致，但低收入组企业全要素生产率 TFP 和企业规模 lnscale 的估计系数都不显著。不管是高收入组、中收入组还是低收入组企业续存时间对工人工资水平均有显著的正向作用，即企业存续时间越久，企业支付给工人的工资水平也越高。低收入组企业总资产利润率 ROA 的估计系数显著为正，企业资本生产率 KP 的估计系数显著为负，然而高收入组和中收入组企业总资产利润率 ROA 和企业资本生产率 KP 的估计系数均不显著。企业创新能力 lninno 的估计系数在高收入组中显著为负，在低收入组中显著为正，而在中收入组中不显著。这意味着高收入组企业创新能力越强，企业支付给工人的工资水平反而越低，而低收入组企业创新能力越强，企业支付给工人的工资水平则越高。另外，补贴只对中收入组企业工人工资水平有提升作用，而对高收入组和低收入组企业工人的工资水平并没有显著影响。

二、不同贸易方式的影响

由表 5 – 6 可知，不同贸易方式下企业贸易边际、出口国内增加值与企业人均工资水平间的关系存在差异，因此，本节按照不同贸易方式进行分组回归。具体而言，本书以初始时期 2001 年为准，根据贸易方式的不同，将企业分为加工贸易企业、一般贸易企业和混合贸易企业①。分组后，加工贸易企业 620 家，一般贸易企业 1104 家，混合贸易企业 1548 家。同样地，本节采取系统 GMM 估计方法，对式（5 – 5）进行分组回归，估计结果见表 5 – 15。由表 5 – 15 可见，不管加工贸易企业、一般贸易企业还是混合贸易企业，工资滞后一期变量都通过了显著性检验，而工资滞后两期变量在加工贸易和一般贸易下通过了显著性检验。

表 5 – 15　　　　　　　　　　　不同贸易方式下回归结果

解释变量	基准回归	加工贸易	一般贸易	混合贸易
$lwage_{it-1}$	0.6268 *** (0.0752)	0.6077 *** (0.0656)	0.5897 *** (0.0854)	0.5697 *** (0.1143)
$lwage_{it-2}$	0.0060 (0.0201)	0.0639 *** (0.0236)	0.0963 *** (0.0332)	− 0.0059 (0.0397)
PM	0.0028 (0.0028)	0.0135 *** (0.0042)	− 0.0028 (0.0038)	− 0.0029 (0.0038)
QM	0.0046 * (0.0026)	0.0003 (0.0062)	0.0032 * (0.0017)	− 0.0054 (0.0052)
VM	0.00006 *** (0.00002)	− 0.0001 (0.0003)	− 0.0014 (0.0017)	− 0.0003 *** (0.00005)
MM	− 0.000007 *** (0.000002)	0.0002 (0.0003)	− 0.0005 * (0.0003)	0.000002 (0.000005)
lndva	0.0879 *** (0.0326)	− 0.0661 ** (0.0285)	0.0886 *** (0.0315)	0.1208 ** (0.0573)
TFP	0.1149 *** (0.0269)	0.0581 ** (0.0268)	0.0641 ** (0.0322)	0.2991 ** (0.1183)

---

①　一般贸易包括海关数据库中的一般贸易和边境小额贸易，加工贸易则包括出料加工贸易、进料加工贸易、来料加工装配进口的设备和来料加工装配贸易。

续表

解释变量	基准回归	加工贸易	一般贸易	混合贸易
ROA	− 0.6775 (0.4904)	0.4965 * (0.2778)	0.5103 * (0.2799)	1.3898 (1.1167)
sub	0.1845 *** (0.0467)	0.0550 * (0.0333)	− 0.0028 (0.0220)	0.1126 *** (0.0404)
lninno	0.1048 *** (0.0363)	− 0.0092 (0.0179)	0.1229 (0.0870)	0.0999 * (0.0538)
lnage	0.6131 *** (0.0890)	0.0228 (0.0480)	0.1886 ** (0.0782)	0.5578 *** (0.1742)
KP	− 0.2077 ** (0.0933)	− 0.1809 ** (0.0788)	− 0.2366 ** (0.1009)	− 1.0503 ** (0.4589)
lnscale	− 0.6030 *** (0.0742)	0.0879 * (0.0533)	0.0094 (0.0881)	− 0.6007 *** (0.1047)
region	yes	yes	yes	yes
ownership	yes	yes	yes	yes
year	yes	yes	yes	yes
industry	yes	yes	yes	yes
AR (1)[a]	− 8.02 (0.000)	− 7.05 (0.000)	− 5.96 (0.000)	− 3.21 (0.001)
AR (2)[b]	1.78 (0.076)	1.13 (0.257)	0.07 (0.942)	0.02 (0.988)
Hansen Test[c]	0.147	0.122	0.564	0.829
GMM-IVs[d]	0.980	0.557	0.802	0.897
IV-IVs[e]	0.984	0.060	0.590	0.989

注：估计系数下方括号中数据对应估计系数的标准差，***、** 和 * 分别代表1%、5%和10%的显著性水平。a 和 b 分别表示模型估计的一阶自相关和二阶自相关检验，原假设为"模型不存在一阶/二阶自相关"。c 为 Hansen 工具变量有效性检验的相伴概率值，原假设为"所有工具变量均有效"。d 和 e 为工具变量外生性检验的相伴概率值，原假设为"工具变量为外生变量"。

从核心解释变量的估计结果看，加工贸易企业的价格边际系数显著为正，即对于加工贸易企业而言，价格边际越高，企业支付给工人的工资水平越高。而加工贸易企业的出口国内增加值系数显著为负，这意味着对于加工贸易企业而言，出口国内增加值越多，企业支付给工人的工资水平反而越低。广义上讲，加工贸易是外国企业（通常是工业发达国家和新兴工业化国家或地区的企业）以投资的方式把某些生产能力转移到东道国或者利用东道国已有的生产能力为自己加工装配产品，然后运出东道国境外销售。因此，从事加工贸易的企业实质上是将进口零部件加工组装再出口，在全球生产网络中扮演着出口平台的角色，处于产品价值链的最底端，科技含量低，雇用的大多都是非技术工人（史青和赵跃叶，2020）。而加工贸易企业出口国内增加值越高，意味着企业加工贸易出口量越大，大量的加工贸易出口需要雇用更多的非技术工人，而非技术工人由于技能水平低下，相应地获得的工资也越低。然而，加工贸易企业价格边际越高，意味着加工贸易产品质量越高，对工人的技术水平要求也越高，因此，支付给工人的工资水平也越高。就某种程度而言，加工贸易企业价格边际和出口国内增加值对企业工人工资水平的不同影响是由于雇用工人的技能差异造成的。对于一般贸易企业而言，数量边际与企业工人工资水平间存在正相关关系，出口市场边际与企业工人工资水平间存在负相关关系，出口国内增加值与企业工人工资水平间存在正相关关系，这一结果与基准回归结果保持一致。而对于混合贸易企业而言，出口国内增加值与企业工人工资水平间存在正相关关系，这一结论与基准回归结果保持一致。然而混合贸易企业产品种类边际与企业工人工资水平间则存在负相关关系，即混合贸易企业产品种类边际越高，企业工人工资水平反而越低。这可能是由于混合贸易企业既从事一般贸易出口，又从事加工贸易出口，而产品种类越多，意味着工人不仅需要在不同贸易方式间进行转换，还需要在不同的产品种类间进行转换，从而降低了劳动效率，导致工人工资水平反而降低。

从其他企业异质性特征变量看，不管是加工贸易出口、一般贸易出口还是混合贸易出口企业而言，生产率水平与企业工人工资水平都存在显著的正相关关系，资本生产率与企业工人工资水平都存在显著的负相关关系，与基准回归结果保持一致。总资产利润率在加工贸易企业和一般贸易企业中显著为正，而在混合贸易企业中不显著。补贴在加工贸易企业和混合贸易企业中显著为正，而在一般贸易企业中不显著。创新能力在混合贸易企业中显著为正，而在其他两类企业中不显著。企业年龄在一般贸易和混合贸易企业中显著为正，在加工贸易企业中不显著。企业规模在加工贸易企业中显著为正，在混合贸易企业中显著为负，而在一般贸易企业中不显著。

三、出口产品差异化的影响

由上表 5 – 7 可见，混合出口企业（同时出口中间品和最终品企业）

的人均工资水平最高，其出口国内增加值和种类边际也远远高于其他两类企业。仅出口最终品企业的人均工资水平居中，但价格边际和出口市场边际最高。仅出口中间品企业的人均工资水平最低，但其数量边际最高。由此可见，BEC 分类下不同类型企业的贸易边际、出口国内增加值与企业人均工资水平间存在较大的差异。因此为了进一步考察 BEC 分类下不同类型企业工人工资水平的决定因素，本节以初始时期 2001 年为准，根据 BEC 分类编码，将企业分为仅出口中间品、仅出口最终品和同时出口中间品和最终品三类企业①。分组后，仅出口中间品企业 1061 家，仅出口最终品企业 831 家，同时出口中间品和最终品企业 1380 家，占比分别为 32.43%、25.39% 和 42.18%。接着，本节采取系统 GMM 估计方法，对式（5 - 5）进行分组回归，估计结果见表 5 - 16。由表 5 - 16 可见，不管仅出口中间品企业、仅出口最终品企业还是混合出口企业，工资滞后一期变量都通过了显著性检验，而工资滞后两期变量在仅出口中间品企业和仅出口最终品企业中通过了显著性检验。

表 5 - 16　　　　　　　　BEC 分类下不同类型企业的回归结果

解释变量	基准回归	中间品出口	最终品出口	混合出口
$lwage_{it-1}$	0.6268 *** (0.0752)	0.6536 *** (0.0644)	0.6568 *** (0.0893)	0.7206 *** (0.1498)
$lwage_{it-2}$	0.0060 (0.0201)	0.0385 * (0.0199)	0.0549 ** (0.0278)	- 0.0062 (0.0369)
PM	0.0028 (0.0028)	- 0.0003 (0.0032)	0.0014 (0.0070)	- 0.0067 (0.0104)
QM	0.0046 * (0.0026)	0.0035 ** (0.0016)	- 0.0012 (0.0048)	- 0.0113 (0.0092)
VM	0.00006 *** (0.00002)	- 0.0007 (0.0007)	0.0108 ** (0.0044)	0.0001 *** (0.00003)
MM	- 0.000007 *** (0.000002)	- 0.0004 (0.0004)	- 0.0008 (0.0020)	- 0.000008 *** (0.000003)

---

① 将六位数 HS96 编码与 BEC 产品编码进行匹配，将出口产品分为中间品、消费品和资本品，其中消费品和资本品都归为最终品，与中间品相对应。仅出口中间品企业是指其出口产品用途均为中间投入品，仅出口最终品企业是指其出口产品用途均为最终品，而同时出口中间品和最终品企业是指其出口产品用途既有用于中间投入的，也有用于最终消费的。

续表

解释变量	基准回归	中间品出口	最终品出口	混合出口
lndva	0. 0879 ***	0. 0812 ***	0. 0932 ***	0. 0492
	(0. 0326)	(0. 0240)	(0. 0332)	(0. 0555)
TFP	0. 1149 ***	0. 0743 ***	0. 0831 **	0. 0193
	(0. 0269)	(0. 0239)	(0. 0409)	(0. 0529)
ROA	−0. 6775	0. 1550	−0. 4887 **	−0. 1255
	(0. 4904)	(0. 3520)	(0. 2472)	(0. 6394)
sub	0. 1845 ***	0. 0997 **	0. 0444	0. 2012 ***
	(0. 0467)	(0. 0421)	(0. 0369)	(0. 0667)
lninno	0. 1048 ***	0. 0569 **	−0. 0213	−0. 0889
	(0. 0363)	(0. 0246)	(0. 1039)	(0. 1237)
lnage	0. 6131 ***	0. 3985 ***	0. 3396 ***	0. 7092 ***
	(0. 0890)	(0. 0902)	(0. 0857)	(0. 2515)
KP	−0. 2077 **	−0. 0619	−0. 1602	0. 1250
	(0. 0933)	(0. 0939)	(0. 1699)	(0. 2180)
lnscale	−0. 6030 ***	−0. 4831 ***	−0. 6361 ***	−0. 4691 ***
	(0. 0742)	(0. 0680)	(0. 1330)	(0. 1346)
region	yes	yes	yes	yes
ownership	yes	yes	yes	yes
year	yes	yes	yes	yes
industry	yes	yes	yes	yes
AR (1)[a]	−8. 02	−8. 36	−6. 51	−5. 33
	(0. 000)	(0. 000)	(0. 000)	(0. 000)
AR (2)[b]	1. 78	0. 85	1. 28	1. 96
	(0. 076)	(0. 396)	(0. 200)	(0. 055)
Hansen Test[c]	0. 147	0. 072	0. 111	0. 363
GMM-IVs[d]	0. 980	0. 532	0. 532	0. 999
IV-IVs[e]	0. 984	0. 830	0. 170	0. 998

注：估计系数下方括号中数据对应估计系数的标准差，***、** 和 * 分别代表1%、5% 和 10%的显著性水平。a 和 b 分别表示模型估计的一阶自相关和二阶自相关检验，原假设为"模型不存在一阶/二阶自相关"。c 为 Hansen 工具变量有效性检验的相伴概率值，原假设为"所有工具变量均有效"。d 和 e 为工具变量外生性检验的相伴概率值，原假设为"工具变量为外生变量"。

从核心解释变量的回归结果看，仅出口中间品企业数量边际、出口国内增加值与企业工人工资水平成正比，即企业数量边际越高或出口国内增加值越多，企业支付给工人的工资水平也越高。对于仅出口最终品企业而言，其产品种类边际越高或者出口国内增加值越多，则相应地支付给工人的工资水平也越高，即产品种类、出口国内增加值与企业人均工资水平间存在正相关关系。而对于两类产品均出口的企业而言，产品种类边际与企业人均工资水平存在正相关关系，而出口市场边际与企业人均工资水平间存在负相关关系。即企业产品种类边际越高，企业支付给工人的工资水平也越高，而出口市场边际越高，企业支付给工人的工资水平反而越低。然而，对于混合出口企业而言，出口国内增加值对企业工人的工资水平有正向影响，但不显著。这也说明了对仅出口中间品企业而言，可以通过数量扩张来提升工人的工资水平；对于仅出口最终品企业而言，可以通过产品种类扩张来提升工人的工资水平；而对于混合出口企业而言，可以通过产品种类或者出口市场扩张来实现工人工资水平的提升。另外，对仅出口中间品和仅出口最终品企业而言，出口国内增加值的提高同样会带来工人工资水平的提升。

从其他企业异质性特征变量的回归结果看，全要素生产率水平在仅出口中间品企业和仅出口最终品企业中通过了显著性检验，与基准回归结果保持一致，而在混合出口企业中并未通过显著性检验。企业年龄和企业规模在三类企业中均通过了显著性检验，且回归系数符号与基准回归模型保持一致。总资产利润率在仅出口最终品企业中通过显著性检验，在其他两类企业中并未通过显著性检验。企业创新能力在仅出口中间品企业中的估计系数显著为正，在其他两类企业中不显著。资本生产率在三类企业中都不显著。

四、不同要素密集型行业的影响

由表5-8可知，劳动力要素密集型行业和资本要素密集型行业的企业贸易边际、出口国内增加值与企业人均工资水平都存在较大的差异。因此，本节以初始时期2001年为准，根据企业所属两位数行业代码，将企业分为劳动力要素密集型企业和资本要素密集型企业，并进一步采取系统GMM估计方法进行分组回归。样本考察期间，劳动力要素密集型企业为2320家，占比为71%，而资本要素密集型企业为952家，占比为29%。这也说明了样本考察期内，中国出口的产品仍以劳动密集型产品为主，产品技术含量和产品附加值相对较低。表 5 – 17 的回归结果表明，不管是劳动力要素密集型企业还是资本要素密集型企业，其工资滞后一期变量都通过了显著性检验，而工资滞后两期变量均未通过显著性检验，与基准回归结果保持一致。

表 5 – 17　　　　　　　　　　不同要素密集型行业的回归结果

解释变量	基准回归	劳动力要素密集型	资本要素密集型
$lwage_{it-1}$	0.6268 *** (0.0752)	0.5906 *** (0.1037)	0.7095 *** (0.1409)
$lwage_{it-2}$	0.0060 (0.0201)	0.0375 (0.0286)	− 0.0447 (0.0444)
PM	0.0028 (0.0028)	0.0029 (0.0029)	− 0.0126 (0.0083)
QM	0.0046 * (0.0026)	0.0027 (0.0020)	0.0111 * (0.0063)
VM	0.00006 *** (0.00002)	0.00006 *** (0.00002)	0.0096 *** (0.0038)
MM	− 0.000007 *** (0.000002)	− 0.000006 *** (0.000002)	0.0002 (0.0002)
lndva	0.0879 *** (0.0326)	0.0796 * (0.0429)	0.1263 * (0.0700)
TFP	0.1149 *** (0.0269)	0.0731 *** (0.0194)	0.1426 ** (0.0558)
ROA	− 0.6775 (0.4904)	− 0.1133 (0.0976)	− 0.2162 (0.4704)
sub	0.1845 *** (0.0467)	0.0918 (0.0594)	0.1380 (0.0878)
lninno	0.1048 *** (0.0363)	0.1359 *** (0.0438)	0.1021 * (0.0535)
lnage	0.6131 *** (0.0890)	0.6256 *** (0.1594)	0.4632 *** (0.1588)
KP	− 0.2077 ** (0.0933)	− 0.0625 * (0.0336)	− 0.2626 (0.1697)

续表

解释变量	基准回归	劳动力要素密集型	资本要素密集型
lnscale	− 0.6030 *** (0.0742)	− 0.6967 *** (0.1074)	− 0.5457 *** (0.1112)
region	yes	yes	yes
ownership	yes	yes	yes
year	yes	yes	yes
industry	yes	yes	yes
AR (1)[a]	− 8.02 (0.000)	− 6.11 (0.000)	− 5.31 (0.000)
AR (2)[b]	1.78 (0.076)	− 0.27 (0.790)	1.89 (0.059)
Hansen Test[c]	0.147	0.187	0.643
GMM-IVs[d]	0.980	0.826	0.890
IV-IVs[e]	0.984	0.878	0.992

注：估计系数下方括号中数据对应估计系数的标准差，***、**和*分别代表1%、5%和10%的显著性水平。a和b分别表示模型估计的一阶自相关和二阶自相关检验，原假设为"模型不存在一阶/二阶自相关"。c为Hansen工具变量有效性检验的相伴概率值，原假设为"所有工具变量均有效"。d和e为工具变量外生性检验的相伴概率值，原假设为"工具变量为外生变量"。

从核心解释变量的回归结果看，劳动力要素密集型企业的产品种类边际与企业工人工资水平存在正相关关系，而出口市场边际与企业工人工资水平存在负相关关系，即劳动力要素密集型企业的产品种类边际越高，企业支付给工人的工资水平也越高，而企业出口市场边际越高，企业支付给工人的工资水平反而越低。对于资本要素密集型企业而言，其数量边际和产品种类边际对企业工人工资水平有正向影响，即企业的数量边际或产品种类边际越高，企业支付给工人的工资水平也越高。另外，不管是劳动力要素密集型企业还是资本要素密集型企业，出口国内增加值的提高都有利于企业工人工资水平的提升。

从其他企业异质性特征变量的回归结果看，全要素生产率水平、企业创新能力、企业年龄和企业规模在劳动力要素密集型企业和资本要素密集型企业中都通过了显著性检验，且估计系数符号与基准回归结果保持一致。资本生产率估计系数在劳动力要素密集型企业中显著为负，而在资本要素密集型企业中不显著。另外，总资产利润率和补贴在两类企业中都未通过显著性检验。

第五节　本章小结

本章基于前面构建的微观理论分析框架，利用2001~2013年中国工业企业数据库和中国海关进出口贸易数据库的匹配数据，采用系统 GMM 估计方法，实证研究了出口增长四元边际、出口国内增加值对企业出口工资溢价的影响，得出了以下三个结论。

结论一，企业出口增长的四元边际对企业出口工资溢价有显著影响，企业出口国内增加值对企业出口工资溢价有显著的正向影响。研究结果表明，数量边际和产品种类边际对企业出口工资溢价有显著的正向影响，即企业数量边际或产品种类边际越高，企业支付给工人的工资水平也越高。而出口市场边际对企业出口工资溢价有显著的负向影响，即企业出口市场扩张越快，企业工人工资水平反而越低。其中，数量边际对企业出口工资溢价的正向影响程度较大，种类边际正向影响程度次之，出口市场边际对企业出口工资溢价的正向影响程度较小，而价格边际对企业出口工资溢价并未产生显著影响。研究结果显示，企业出口国内增加值越多，企业支付给工人的工资水平也越高。

结论二，企业异质性特征变量对企业出口工资溢价有显著影响。研究结果表明，企业全要素生产率的估计系数显著为正，即企业的全要素生产率越高，企业支付给工人的工资水平也越高；企业资本生产率的估计系数显著为负，意味着企业的资本生产率越高，企业支付给工人的工资水平反而越低；企业续存时间对工人工资水平有显著的正向作用，即企业存续时间越久，企业支付给工人的工资水平也越高；企业规模对工人工资水平的提高有显著的抑制作用，企业规模过大导致规模不经济的存在，反而抑制了企业工资水平的提升；企业创新能力对企业出口工资水平有显著的正向影响，企业的高创新研发能力让企业获利更多，因此支付给工人的工资水平也越高；补贴对企业工人工资水平有显著的正向影响，获得补贴的企业支付给工人的工资水平更高。另外，总资产利润率对企业工人工资水平有正向作用，但不显著。

结论三，在高收入组与中低收入组、加工贸易与一般贸易、出口中间品与最终品、劳动力要素密集型与资本要素密集型之间，企业出口增长的四元边际、出口国内增加值对企业工人工资水平的影响存在一定的差异。具体而言：

第一，就不同收入组回归结果而言，价格边际在中收入组中显著为正，而在高中收入组中不显著；产品种类边际在中低收入组中显著为正，而在高收入组中显著为负；出口市场边际在中收入组中显著为负，而在高收入组中显著为正。另外，企业出口国内增加值在高中收入组中均显著为正，而在低收入组中不显著。

第二，就不同贸易方式回归结果而言，加工贸易企业的价格边际系数显著为正，而出口国内增加值系数显著为负；一般贸易企业数量边际系数显著为正，出口市场边际系数显著为负；混合贸易企业产品种类边际系数显著为负。另外，不管是一般贸易企业还是混合贸易企业，出口国内增加值系数均显著为正。

第三，就出口产品差异化回归结果而言，仅出口中间品企业数量边际、出口国内增加值与企业工人工资水平成正比；仅出口最终品企业产品种类边际、出口国内增加值与企业人均工资水平间存在正相关关系；而两类产品均出口的企业产品种类边际与企业人均工资水平存在正相关关系，出口市场边际与企业人均工资水平间存在负相关关系。

第四，就不同要素密集型回归结果而言，劳动力要素密集型企业的产品种类边际系数显著为正，而出口市场边际系数显著为负；资本要素密集型企业数量边际和产品种类边际对企业工人工资水平均有正向影响。另外，出口国内增加值的提高对劳动力要素密集型和资本要素密集型企业工人工资水平的提升均有显著的正向影响。

第六章

贸易边际、出口国内增加值对地区出口工资溢价的影响：理论分析

关于地区工资差距的理论研究，国际上主流的有三种：新古典增长理论、城市经济学和新经济地理学。而本章基于全球价值链嵌入视角，借鉴了藤田等（Fujita et al.，1999）、克鲁格曼（Krugman，1991）和刘修岩等（2007）的方法，在对地区出口增长进行结构性分解的基础上，从新经济地理学角度构建了地区出口工资溢价的宏观理论分析框架。

第一节 封闭条件下的基准模型

一、模型基本假设

假设本国有 R 个地区和两个部门，即农业部门和制造业部门。农业部门规模报酬不变，且处于完全竞争状态，产品完全同质，无运输成本。制造业部门规模报酬递增，且处于垄断竞争状态，生产差异化异质产品，存在运输成本。假设制造业部门产品的生产只需要投入一种生产要素，即劳动。r 地区代表性企业成本函数为：

$$L_r = c_r q_r + f_d \tag{6-1}$$

其中，c_r 表示边际投入；q_r 表示 r 地区代表性企业向全国 R 个地区提供的各种制造品的总量；f_d 表示固定贸易成本。考虑到中国各地区经济发展水平和技术水平存在巨大差距，本书参考刘修岩等（2007）的做法，假定各

地区间的生产技术存在差距，而地区产品质量的差异体现了地区生产技术水平的差异。即地区产品质量越高，意味着该地区生产技术水平越高，而地区生产技术水平越高，边际投入则越小。另外，地区产品质量越高，意味着生产成本也越高，相应的边际投入也越多。因此，本书认为地区产品质量的高低必定会影响到边际投入，但具体影响方向不确定。另外，代表性企业生产的产品种类越多，意味着工人需要在不同产品种类间进行转换，进而会降低工人的劳动生产率，因而边际投入会相应地增加。但是，产品种类越多，也意味着该地区的创新研发能力较好，地区生产技术水平较高，因而边际投入也越小。因此，本书认为地区产品种类的多少也会影响到边际投入。由此，考虑到地区产品质量 q 和产品种类 n_r 后，边际投入 c_r 可具体表示为：

$$c_r = q^\beta n_r^\theta \qquad (6-2)$$

其中，β 和 θ 的符号不确定。假定运输成本采用萨缪尔森的"冰山"运输成本形式，"冰山"贸易成本主要表现为运输成本，而运输成本与地理距离直接相关。因此，"冰山"贸易成本可以表示为：

$$v_{rj} = e^{d_{rj}} \qquad (6-3)$$

其中，d_{rj} 表示 r 地区与 j 地区之间的地理距离，$v_{rj} > 1$，即一单位制造品从 r 地区运到 j 地区只剩下 $\frac{1}{v_{rj}}$。为简化起见，本书假设地区间的"冰山"贸易成本是对称的，即 $v_{rj} = v_{jr}$[①]。

二、消费者行为

假设地区代表性消费者的效用函数为：

$$U = C_M^\alpha C_A^{1-\alpha} \qquad (6-4)$$

其中，$0 < \alpha < 1$，代表消费者在制造品上的支出份额；C_M 代表消费者对异质制造品的需求量；C_A 代表消费者对无差异农产品的需求量。假设 r 地区生产的产品种类数为 n_r，消费者对 r 地区各种制造品存在着不变替代弹性 CES 效用函数，即：

$$C_M = \left[\int_{k=0}^{n_r} x_r(k)^{\frac{\varepsilon-1}{\varepsilon}} dk \right]^{\frac{\varepsilon}{\varepsilon-1}} \qquad (6-5)$$

---

① 这一假设与以往的新经济地理模型中的假设保持一致，即不存在区域间不对等的制度障碍以及贸易优惠政策等，国内两个地区间的贸易成本是对等的。

其中，$\varepsilon > 1$，表示任意两种制造品间的不变替代弹性；$x_r(k)$ 表示消费者对 r 地区第 k 种制造品的需求量。

国内 j 地区消费者对 r 地区各种制造品的最优消费数量为：

$$x_{rj} = \frac{P_{rj}^{-\varepsilon}}{P_j^{1-\varepsilon}} \alpha Y_j \tag{6-6}$$

其中，$P_{rj} = v_{rj} P_r$，P_r 表示 r 地区各种制造品的出厂价格，v_{rj} 表示 r 地区到 j 地区的"冰山"贸易成本。P_{rj} 表示 j 地区消费者为 r 地区各种制造品所支付的最终价格，P_j 表示 j 地区的价格指数，Y_j 表示 j 地区消费总支出。因此，国内所有地区对 r 地区生产的各种制造品的总需求为：

$$x_{rd} = \sum_j \frac{P_{rj}^{-\varepsilon}}{P_j^{1-\varepsilon}} \alpha Y_j \tag{6-7}$$

三、生产者行为

假设 r 地区制造业部门工人的名义工资水平为 w_r，且生产制造品只投入一种生产要素劳动，结合式（6-1）的成本函数和式（6-2）的边际投入函数，可以得到 r 地区代表性企业的生产总成本以及边际生产成本分别为：

$$TC = w_r L_r$$
$$= w_r(c_r q_r + f_d) \tag{6-8}$$

$$MC = \frac{\partial TC}{\partial q_r} = w_r c_r \tag{6-9}$$

而边际收益 $MR = P_r \left(1 - \frac{1}{\varepsilon}\right)$，根据利润最大化原则，即边际收益等于边际成本，求得：

$$P_r = \frac{\varepsilon}{\varepsilon - 1} w_r c_r = \frac{\varepsilon}{\varepsilon - 1} w_r q^\beta n_r^\theta \tag{6-10}$$

进一步地，r 地区代表性企业利润最大化问题为：

$$\max \pi_r = P_r q_r - w_r(c_r q_r + f_d) \tag{6-11}$$

将式（6-10）代入式（6-11），得到：

$$\max \pi_r = \frac{1}{\varepsilon - 1} w_r q_r c_r - w_r f_d \tag{6-12}$$

当允许企业自由进入和退出时，其均衡利润为零，由此可以得到 r 地区代表性企业的均衡产量为：

$$q_r^* = \frac{(\varepsilon - 1)f_d}{c_r} = (\varepsilon - 1)f_d q^{-\beta} n_r^{-\theta} \tag{6-13}$$

四、均衡工资水平的决定

r 地区代表性企业的均衡产量等于 r 地区代表性企业向全国 R 个地区提供的产量之和。由于国内"冰山"贸易成本的存在，r 地区对 j 地区提供的总产量和 j 地区对 r 地区各种制造品的总需求之间的关系为：

$$q_{rj} = v_{rj} x_{rj} = e^{d_{rj}} x_{rj} \tag{6-14}$$

因此，结合式（6-7），进一步得到 r 地区代表性企业的均衡产量与国内 R 个地区对 r 地区各种制造品需求的关系为：

$$q_r^* = \sum_j v_{rj} \frac{P_{rj}^{-\varepsilon}}{P_j^{1-\varepsilon}} \alpha Y_j \tag{6-15}$$

将 $P_{rj} = v_{rj} P_r$ 代入上式，解得：

$$
\begin{aligned}
q_r^* &= P_r^{-\varepsilon} \sum_j \frac{v_{rj}^{1-\varepsilon}}{P_j^{1-\varepsilon}} \alpha Y_j \\
&= \alpha P_r^{-\varepsilon} \sum_j (e^{-d_{rj}} P_j)^{\varepsilon-1} Y_j
\end{aligned} \tag{6-16}
$$

借鉴海德和梅尔（Head and Mayer，2004，2006）及米恩和纳特赤尼（Mion and Naticchioni，2005）的方法，将式（6-16）中 $\sum_j (e^{-d_{rj}} P_j)^{\varepsilon-1} Y_j$ 定义为国内市场潜能，简记为 dmp。结合式（6-13）和式（6-16），求得：

$$P_r = \left[\frac{\alpha}{(\varepsilon - 1)f_d} \right]^{\frac{1}{\varepsilon}} dmp^{\frac{1}{\varepsilon}} q^{\frac{\beta}{\varepsilon}} n_r^{\frac{\theta}{\varepsilon}} \tag{6-17}$$

将式（6-17）代入式（6-10），求得均衡工资水平为：

$$w_r = A dmp^{\frac{1}{\varepsilon}} q^{\frac{\beta}{\varepsilon} - \beta} n_r^{\frac{\theta}{\varepsilon} - \theta} f_d^{\frac{-1}{\varepsilon}} \tag{6-18}$$

其中，$A = \dfrac{\varepsilon - 1}{\varepsilon} \left(\dfrac{\alpha}{\varepsilon - 1} \right)^{\frac{1}{\varepsilon}}$，由于 $\varepsilon > 1$，$0 < \alpha < 1$，因此，A 必定大于 0。对所有地区而言，A 都是一样的，因而将 A 视作一个常数。由此可见，封闭条件下，r 地区制造业部门工人的均衡工资水平取决于该地区的国内市场潜能、产品质量和产品种类等。

第二节 开放条件下的模型

一、模型基本假设

在开放条件下，制造业部门产品不仅销往国内市场，同时也销往国外市场。假设 r 地区生产的制造品销往国外 m 个市场，进入每个市场的出口固定成本为 f_x，则 r 地区代表性企业成本函数为：

$$L_r = c_r q_r + f_d + m f_x \tag{6-19}$$

与封闭条件下不同的是，边际投入不仅取决于地区产品质量 q 和产品种类 n_r，还取决于地区出口国内增加值 dva。由于高新技术制造业比传统制造业拥有更高的出口国内增加值率（徐久香和方齐云，2013），这意味着出口国内增加值越高，越可能是高新技术制造业，而高新技术制造业的生产成本显然高于传统制造业，相应的边际投入也越高。另外，高新技术制造业对地区生产技术水平要求更高，而生产技术水平越高，相应的边际投入则越低。在某种程度上，出口国内增加值的不同也反映了边际投入的差异。因此，考虑到地区出口国内增加值 dva 后，边际投入 c_r 可具体表示为：

$$c_r = q^{\beta} dva^{\gamma} n_r^{\theta} \tag{6-20}$$

其中，β、γ 和 θ 的符号不确定。关于"冰山"运输成本，本书分两种情况讨论。第一种情况是 r 地区代表性企业将制造品销往国内其他地方，即国内"冰山"贸易成本，具体见式（6-3）。第二种情况是 r 地区代表性企业将制造品销往国外 m 个市场，也存在"冰山"贸易成本，即国外"冰山"贸易成本。假设 r 地区制造品出口到 l 国市场的"冰山"贸易成本为 τ_{rl}，τ_{rl} 除运输费用外，还包括关税等。$\tau_{rl} > 1$，即一单位制造品从 r 地区运到 l 国只剩下 $\frac{1}{\tau_{rl}}$。同样，为简化起见，本书假设 r 地区与 l 国间的"冰山"贸易成本是对称的，即 $\tau_{rl} = \tau_{lr}$。

二、消费者行为

开放条件下，不仅国内其他地区对 r 地区制造品有消费需求，其他国家对 r 地区生产的制造品也有需求。因此，r 地区制造品的总需求分为国内需求和国外需求。国内市场对 r 地区生产的各种制造品的总需求见式（6－7）。另外，l 国消费者对 r 地区各种制造品的最优消费数量为：

$$x_{rl} = \frac{P_{rl}^{-\varepsilon}}{P_l^{1-\varepsilon}} \alpha Y_l \qquad (6-21)$$

其中，$P_{rl} = \tau_{rl} P_r$，P_r 表示 r 地区各种制造品的出厂价格，τ_{rl} 表示 r 地区到 l 国的"冰山"贸易成本，P_{rl} 表示 l 国消费者为 r 地区各种制造品所支付的最终价格，P_l 表示 l 国的价格指数，Y_l 表示 l 国消费总支出。因此国外 m 个市场对 r 地区各种制造品的总需求为：

$$x_{rx} = \sum_l x_{rl} = \sum_l \frac{P_{rl}^{-\varepsilon}}{P_l^{1-\varepsilon}} \alpha Y_l \qquad (6-22)$$

三、生产者行为

假设 r 地区制造业部门工人的名义工资水平为 w_r，r 地区代表性企业进入制造业部门的固定成本为 f_d，进入每一个出口市场的固定成本为 f_x，总共出口到 m 个市场，且生产制造品只投入一种生产要素劳动，结合式（6－19）的成本函数和式（6－20）的边际投入函数，可以得到 r 地区代表性企业的生产总成本以及边际生产成本分别为：

$$TC = w_r L_r$$
$$= w_r (c_r q_r + f_d + m f_x) \qquad (6-23)$$

$$MC = \frac{\partial TC}{\partial q_r} = w_r c_r \qquad (6-24)$$

而边际收益 $MR = P_r \left(1 - \frac{1}{\varepsilon}\right)$，根据利润最大化原则，即边际收益等于边际成本，求得：

$$P_r = \frac{\varepsilon}{\varepsilon - 1} w_r c_r = \frac{\varepsilon}{\varepsilon - 1} w_r q^\beta dva^\gamma n_r^\theta \qquad (6-25)$$

进一步地，r 地区代表性企业利润最大化问题为：

$$\max \pi_r = P_r q_r - w_r (c_r q_r + f_d + m f_x) \qquad (6-26)$$

将式（6－25）代入式（6－26），得到：

$$\max \pi_r = \frac{1}{\varepsilon - 1} w_r q_r c_r - w_r f_d - w_r m f_x \qquad (6-27)$$

根据 $\frac{\partial \pi_r}{\partial w_r} = 0$，解得均衡产量为：

$$q_r^* = \frac{(\varepsilon - 1)(f_d + mf_x)}{c_r} = (\varepsilon - 1)(f_d + mf_x)q^{-\beta}dva^{-\gamma}n_r^{-\theta} \tag{6-28}$$

四、均衡工资水平的决定

r 地区代表性企业的均衡产量等于 r 地区代表性企业对国内和国外市场提供的产量之和。由于国内"冰山"贸易成本的存在，r 地区代表性企业对国内市场提供的产量与国内市场对 r 地区各种制造品需求的关系见式（6-16）。同样地，由于国外"冰山"贸易成本的存在，r 地区代表性企业对国外市场提供的总产量与国外消费者对 r 地区各种制造品总需求的关系为：

$$q_{rx} = \sum_l \tau_{rl} x_{rl} = \alpha P_r^{-\varepsilon} (\sum_l \tau_{rl}^{-1} P_l)^{\varepsilon-1} Y_l \tag{6-29}$$

因此，r 地区代表性企业的均衡产量为：

$$q_r^* = \alpha P_r^{-\varepsilon} \sum_j (e^{-d_{rj}} P_j)^{\varepsilon-1} Y_j + \alpha P_r^{-\varepsilon} \sum_l (\tau_{rl}^{-1} P_l)^{\varepsilon-1} Y_l \tag{6-30}$$

同样，借鉴海德和梅尔（Head and Mayer，2004，2006）及米恩和纳特赤尼（Mion and Naticchioni，2005）的方法，将式（6-30）中 $\sum_j (e^{-d_{rj}} P_j)^{\varepsilon-1} Y_j$ 定义为国内市场潜能，简记为 dmp。类似地，参照上述方法，将式（6-30）中 $\sum_l (\tau_{rl}^{-1} P_l)^{\varepsilon-1} Y_l$ 定义为国外市场潜能，简记为 fmp。至此，本书将地区的市场潜能分解为国内市场潜能和国外市场潜能，这一分解方法类似于雷丁和维纳布尔斯（Redding and Venables，2004）使用地区间双边贸易流量数据将某个地区的市场潜能 MA 分解为该地区的国内市场潜能 DMA 和国外市场潜能 FMA 两部分。结合式（6-28）和式（6-30），求得：

$$P_r = \left(\frac{\alpha}{\varepsilon-1}\right)^{\frac{1}{\varepsilon}} (dmp + fmp)^{\frac{1}{\varepsilon}} q^{\frac{\beta}{\varepsilon}} dva^{\frac{\gamma}{\varepsilon}} n_r^{\frac{\theta}{\varepsilon}} (f_d + mf_x)^{\frac{-1}{\varepsilon}} \tag{6-31}$$

将上式代入式（6-25），求得均衡工资水平为：

$$w_r = A (dmp + fmp)^{\frac{1}{\varepsilon}} q^{\frac{\beta}{\varepsilon}-\beta} dva^{\frac{\gamma}{\varepsilon}-\gamma} n_r^{\frac{\theta}{\varepsilon}-\theta} (f_d + mf_x)^{\frac{-1}{\varepsilon}} \tag{6-32}$$

其中，$A = \frac{\varepsilon-1}{\varepsilon}\left(\frac{\alpha}{\varepsilon-1}\right)^{\frac{1}{\varepsilon}}$，由于 $\varepsilon > 1$，$0 < \alpha < 1$，因此，A 必定大于 0。对所有地区而言，A 都是一样的，因此，将 A 视作一个常数。进一步对式（6-32）取对数，可得：

$$\ln w_r = \ln A + \left(\frac{\beta}{\varepsilon}-\beta\right)\ln q + \left(\frac{\gamma}{\varepsilon}-\gamma\right)\ln dva + \left(\frac{\theta}{\varepsilon}-\theta\right)\ln n_r$$

$$+ \frac{1}{\varepsilon} \ln(\mathrm{dmp} + \mathrm{fmp}) - \frac{1}{\varepsilon} \ln(\mathrm{f_d} + \mathrm{mf_x}) \qquad (6-33)$$

由此可见，开放条件下，地区出口工资水平不仅取决于国内市场潜能、产品质量和产品种类，同时还取决于国外市场潜能、出口市场数量和出口国内增加值。

第三节　本章小结

新经济地理学的最新研究表明，贸易自由化不仅影响国家间的贫富差距，同时也会导致国家内部区域之间的贫富差距，对区域工资水平造成影响（颜根根，2012）。本章基于全球价值链嵌入视角，从新经济地理学的角度，在藤田等（Fujita et al.，1999）和刘修岩等（2007）理论模型基础上进行了有效拓展。第一，本章基于全球价值链嵌入视角，将封闭经济框架下的地区工资差距分析逐渐拓展至开放经济条件下，从而有效地将地区出口纳入理论模型中。第二，本章对边际投入函数做了有效拓展，将产品质量、产品种类和出口国内增加值纳入边际投入函数中。第三，本章将某个地区的市场潜能分解为国内市场潜能和国外市场潜能，有效地将两类新经济地理因素变量纳入理论模型中。本章得到了以下结论。

一是封闭经济条件下地区制造业部门均衡的工资水平取决于该地区的国内市场潜能、产品质量和产品种类。地区制造业部门均衡的出口工资水平与该地区的国内市场潜能成正比，即地区的国内市场潜能越大，该地区制造业部门均衡的出口工资水平也越高。而地区制造业部门均衡的出口工资水平与该地区产品质量和地区产品种类的关系不确定，地区产品质量的高低和产品种类的多少会影响到边际投入，但具体影响方向不确定，因此有待后续进一步证实。

二是开放经济条件下两类新经济地理因素变量会影响地区制造业部门均衡的工资水平。开放经济条件下，地区制造业部门均衡的工资水平不仅取决于该地区的国内市场潜能，同时还取决于该地区的国外市场潜能。理论研究结果表明，地区制造业部门均衡的出口工资水平与国内市场潜能和国外市场潜能均成正比，即该地区国内市场潜能或国外市场潜能越大，该地区制造业部门均衡的出口工资水平也越高。

三是开放经济条件下两类地区出口异质性变量会影响该地区制造业部门均衡的工资水平。开放经济条件下，地区制造业部门均衡的出口工资水平不仅取决于该地区的产品质量（质量边际）和产品种类（产品种类边际），还取决于该地区的出口国内增加值和出口市场数量（出口市场边际）。其中，地区制造业部门均衡的出口工资水平与出口市场数量成反比，即地区出口市场数量越多，地区制造业部门均衡的出口工资水平反而越低。而地区制造业部门均衡的出口工资水平与地区出口国内增加值、产品质量和产品种类的关系同样是不确定，有待进一步证实。

第七章

贸易边际、出口国内增加值与地区出口工资溢价的空间计量分析

第一节　地区层面贸易边际、出口国内增加值的分解测度

一、地区层面贸易边际的分解测度

（一）地区层面贸易边际的分解

关于贸易边际的研究，现有文献主要集中于宏观和中观层面，从企业层面、产品层面和国家层面来定义出口贸易边际。第一，就企业层面而言，扩展边际表现为新企业进入和旧企业退出，集约边际则表现为现有企业的出口扩张（Melitz，2003；Eaton et al.，2008；Helpman et al.，2008；等等）。第二，就产品层面而言，扩展边际表现为产品种类的增加，集约边际则表现为现有出口产品种类在数量上的扩张（Amiti and Freund，2011；Chaney，2008）。第三，就国家层面而言，扩展边际指出口国和新的国家建立新的贸易伙伴关系，集约边际则表现为原有贸易关系的贸易扩张（Felbermayr and Kohler，2006；Helpman et al.，2008）。本书基于微观企业数据，从宏观层面将地区出口增长分解为现有企业的出口扩张，即价格边际、数量边际、出口市场边际和产品种类边际，以及新企业进入和旧企业退出引起的出口增长，即扩展边际。虽然本书也是从企业层面对地区出口

增长进行分解，但不同的是，本书将地区集约边际进一步分解为价格边际、数量边际、出口市场边际和产品种类边际，从而更全面地反映了地区出口增长的结构性差异，尤其是集约边际的差异。具体而言，本书将 r 地区价格边际和数量边际定义为：

$$PM_r = \frac{\sum_{j \in J} \sum_{i \in I} (P_{it} - P_{it-1}) x_{it}}{\sum_{j \in J} \sum_i X_{it-1}} \tag{7-1}$$

$$QM_r = \frac{\sum_{j \in J} \sum_{i \in I} (x_{it} - x_{it-1}) P_{it-1}}{\sum_{j \in J} \sum_i X_{it-1}} \tag{7-2}$$

其中，J 表示 r 地区 t 期和 t-1 期连续出口的企业集合；I 表示企业 j 在 t-1 期和 t 期对同一出口市场出口的重叠产品种类集合；$\sum_i X_{it-1}$ 表示企业 j 在 t-1 期的总出口额；P_{it} 和 x_{it} 分别表示企业 j 在 t 期出口的产品种类 i 的出口价格和出口数量；P_{it-1} 和 x_{it-1} 分别表示企业 j 在 t-1 期出口的产品种类 i 的出口价格和出口数量。因此，质量边际（价格边际）表示 r 地区原有企业、原有出口市场、原有出口产品种类由于价格变动引起的出口增长；数量边际表示 r 地区原有企业、原有出口市场、原有出口产品种类由于数量变动引起的出口增长。质量边际和数量边际反映了 r 地区原有企业、原有出口市场、原有出口产品种类由于数量或价格变动引起的出口扩张。

接着，本书定义 r 地区在 t 期的产品种类边际和出口市场边际：

$$VM_r = \frac{\sum_{j \in J} \left(\sum_{i \in V_{t-1}^N} X_{it} - \sum_{i \in V_{t-1}^D} X_{it-1} \right)}{\sum_{j \in J} \sum_i X_{it-1}} \tag{7-3}$$

$$MM_r = \frac{\sum_{j \in J} \left(\sum_{i \in M_{t-1}^N} X_{it} - \sum_{i \in M_{t-1}^D} X_{it-1} \right)}{\sum_{j \in J} \sum_i X_{it-1}} \tag{7-4}$$

其中，V_{t-1}^N 表示企业 j 原有出口市场上 t-1 期不出口，而 t 期出口的产品种类集合，即 t 期原有出口市场上新增的产品种类集合；V_{t-1}^D 企业 j 原有出口市场上 t-1 期出口，而 t 期不出口的产品种类集合，即 t 期原有出口市场上退出的产品种类集合；X_{it} 表示企业 j 在 t 期出口的产品种类 i 的出口额，X_{it-1} 表示企业 j 在 t-1 期出口的产品种类 i 的出口额；$\sum_{i \in V_{t-1}^N} X_{it}$ 表示企业 j 原有出口市场上由于新增产品种类而增加的出口额，$\sum_{i \in V_{t-1}^D} X_{it-1}$ 表示企业 j 原有出口市场上由于出口产品种类退出而减少的出口额。另外，M_{t-1}^N 表示企业 j 在 t 期新增的出口市场集合，M_{t-1}^D 表示企业 j 在 t 期退出的出口市场集合；$\sum_{i \in M_{t-1}^N} X_{it}$ 表示企业 j 在 t 期新增出口市场的出口额，$\sum_{i \in M_{t-1}^D} X_{it-1}$ 表示企业 j 在 t 期由于退出某些出口市场而下降的出口额。因此，产品种类边际表示 r 地区原有企业原有出口市场由于出口产品种类变动引起的出口增长；出口市场边际表示 r 地区原有企业由于出口市场变动引起的出口增长。产品种类边际和出口市场边际反映了 r 地区原有企业由于出口产品种类或者出口市场变动引起的出口变动，属于集约边际，或企业内扩展边际（钱学峰等，2013）。

r 地区除了原有企业由于价格边际、数量边际、出口市场边际和产品种类边际引起的出口增长外，r 地区还会有新的出口企业进入，旧的出口企业退出，同样会对 r 地区出口增长产生影响。因此，本书定义扩展边际为：

$$EM_r = \sum_{j \in E_{t-1}^N} X_{jt} - \sum_{j \in E_{t-1}^D} X_{jt-1} \tag{7-5}$$

其中，E_{t-1}^N 表示 t 期新增的出口企业集合，E_{t-1}^D 表示 t 期退出的出口企业集合；$\sum_{j \in E_{t-1}^N} X_{jt}$ 表示 t 期新增出口企业的出口额，$\sum_{j \in E_{t-1}^D} X_{jt-1}$ 表示 t 期由于旧出口企业退出而下降的出口额。

至此，我们可以将 r 地区在 t 期的出口增长分解为价格边际、数量边际、产品种类边际、出口市场边际和扩展边际，即：

$$growth_r = P_r + Q_r + VM_r + MM_r + EM_r \tag{7-6}$$

由式（7-6）可知，r 地区在 t 期的出口增长可能是由于原有企业的出口扩张引起的，也可能是由于新企业进入和旧企业退出引起的，抑或是多种边际的共同作用。

（二）地区层面贸易边际的测度

在确定了 r 地区出口贸易边际分解方法后，本书利用 2000~2013 年中国工业企业数据库和中国海关进出口贸易数据库每年的匹配数据对地区出口增长的五元边际进行了测算，匹配方法和缺失值补充具体见第五章。同样，该部分没有将 2010 年纳入研究范围（具体说明见第五章）。由于中国工业企业数据库只包括规模以上企业，因此匹配后的地区出口贸易边际其实反映的是规模以上出口企业的贸易边际。

首先，表 7-1 显示了样本考察期内地区出口增长五元边际的总体平均值。总体而言，大部分年份地区价格边际为负数，地区数量边际为正数，即各地区由于出口价格变动引起出口负增长，而各地区由于出口数量变动引起出口正增长。地区产品种类边际、出口市场边际和扩展边际在大部分年份都为正数，说明大部分年份各地区由于现有企业产品种类和出口市场扩张带来地区出口增长，且新企业进入、旧企业退出也带来地区出口增长。具体而言，2001年地区价格边际、产品种类边际和出口市场边际均为负数，这说明加入WTO之前，各地区的出口增长主要是由数量扩张和新企业进入引起的。2002年，各地区产品种类边际和出口市场边际较上年有了很大的提升，并由负数转为正数。这也说明加入WTO后，中国开始享受成员国之间的最惠国待遇，出口产品面临的目的地关税迅速下降，由此引致的市场需求为出口企业带来了巨大的机遇，企业不断研发新的产品种类并开拓新的出口市场。2004年，由于进出口经营权的放开，大量出口企业涌入出口市场，扩展边际相较上年增长了近3倍。2007年、2011年和2013年扩展边际对地区出口增长的贡献最大，其余年份数量边际对地区出口增长的贡献最大。

表 7 - 1　　　　2001 ~ 2013 年各地区出口增长五元边际的测度

年份	价格边际	数量边际	产品种类边际	出口市场边际	扩展边际
2001	− 10. 0346	10. 6602	− 0. 0732	− 0. 3027	0. 0633
2002	− 3. 4969	3. 5302	0. 0035	0. 0201	0. 0917
2003	− 0. 0682	0. 2300	0. 0415	0. 0689	0. 1435
2004	− 2. 7894	3. 0388	0. 0410	0. 0504	0. 5196
2005	− 4. 3464	4. 3795	0. 0229	0. 0233	− 0. 0407
2006	− 0. 7689	0. 9967	0. 0321	0. 0507	0. 0970
2007	− 0. 4267	− 0. 2847	− 0. 0162	0. 0427	0. 8981
2008	− 0. 1553	0. 3154	0. 0468	0. 0490	− 0. 0326
2009	− 0. 6660	0. 5017	0. 0175	− 0. 0265	− 0. 0816
2011	0. 0092	0. 2474	0. 0361	0. 0826	0. 3953
2012	− 0. 1394	0. 2645	0. 0154	0. 0014	0. 1352
2013	− 4. 7372	5. 3842	0. 6443	0. 1140	33. 4046

其次，本书进一步测度了东中西部地区出口增长的五元边际。由表7-2可见，除2009年外，相较于中西部地区，东部地区的价格边际最低，即东部地区由于价格变动引起的出口下降最多。而大部分年份，相较于中西部地区，东部地区的数量边际最大。这说明东部地区的出口增长主要是以粗放型的数量扩张为主，价格边际最小，也反映出东部地区产品质量有待进

一步提高。相较于东中部地区，西部地区的产品种类边际和扩展边际较大，其中一半年份西部地区的产品种类边际和扩展边际明显大于东中部地区，这也反映了西部地区规模以上出口企业产品创新研发能力较好，新企业比较有竞争力。而大部分年份，中部地区数量边际和扩展边际在五元边际中是相对较大的，这也说明中部地区出口增长主要来源于数量扩张和新企业进入旧企业退出。

表 7 – 2　　　　2001 ~ 2013 年东中西部地区出口增长五元边际的测度

年份	企业性质	价格边际	数量边际	产品种类边际	出口市场边际	扩展边际
2001	东部	– 27. 3250	28. 2157	– 0. 1022	– 0. 4885	0. 0038
	西部	– 0. 0247	0. 5597	– 0. 0344	0. 0864	0. 1537
	中部	– 0. 0238	0. 4096	– 0. 0865	– 0. 5824	0. 0208
2002	东部	– 9. 4336	9. 4724	0. 0298	0. 0313	0. 1101
	西部	– 0. 0520	0. 0940	– 0. 0069	0. 0176	0. 0674
	中部	– 0. 0706	0. 0846	– 0. 0182	0. 0081	0. 0996
2003	东部	– 0. 1536	0. 3159	0. 0366	0. 0498	0. 0417
	西部	0. 0060	0. 1931	0. 0592	0. 0990	0. 2053
	中部	– 0. 0527	0. 1627	0. 0238	0. 0538	0. 1983
2004	东部	– 7. 6825	7. 9475	0. 0424	0. 0410	0. 2954
	西部	0. 0321	0. 0947	0. 0149	0. 0247	0. 6515
	中部	0. 0592	0. 3375	0. 0748	0. 0985	0. 6465
2005	东部	– 11. 0906	11. 1438	0. 0299	0. 0135	– 0. 0435
	西部	0. 0046	0. 0011	0. 0232	0. 0273	– 0. 0216
	中部	– 1. 0556	1. 0991	0. 0129	0. 0313	– 0. 0631
2006	东部	– 1. 7594	2. 0019	0. 0270	0. 0380	0. 1307
	西部	– 0. 0125	0. 2172	0. 0437	0. 0905	0. 0253
	中部	– 0. 4471	0. 6863	0. 0229	0. 0134	0. 1492
2007	东部	– 1. 0479	– 0. 3951	– 0. 0323	0. 0357	1. 6032
	西部	0. 0519	– 0. 1880	– 0. 0125	0. 0384	0. 3191
	中部	– 0. 2306	– 0. 2659	0. 0009	0. 0581	0. 7247
2008	东部	– 0. 6346	0. 7647	0. 0271	0. 0403	0. 0804
	西部	0. 1126	0. 0615	0. 0642	0. 0576	– 0. 1803
	中部	0. 1356	0. 0465	0. 0499	0. 0493	0. 0150

续表

年份	企业性质	价格边际	数量边际	产品种类边际	出口市场边际	扩展边际
2009	东部	− 0.4162	0.2691	− 0.0069	− 0.0187	− 0.0263
	西部	− 0.3671	0.1838	0.0666	− 0.0275	− 0.1110
	中部	− 1.4204	1.2587	− 0.0164	− 0.0359	− 0.1173
2011	东部	− 0.0291	0.2032	0.0254	0.0376	0.2572
	西部	0.0637	0.2373	0.0328	0.1355	0.4761
	中部	− 0.0133	0.3221	0.0553	0.0716	0.4741
2012	东部	− 0.2091	0.2269	0.0090	0.0144	− 0.1759
	西部	− 0.0816	0.3117	0.0326	− 0.0230	0.4171
	中部	− 0.1231	0.2515	0.0005	0.0171	0.1752
2013	东部	− 12.6754	14.3395	0.4780	0.2548	88.9761
	西部	− 0.1936	0.2491	1.2783	0.0546	2.0185
	中部	− 0.0698	0.1315	0.0010	0.0021	0.1496

二、地区层面出口国内增加值的测度

地区层面出口国内增加值的测度，本书参照布兰德等（Brandt et al.，2012）、谢和克莱（Hsieh and Klenow，2009）和杨汝岱（2015）对整体TFP 的处理方法，即由企业层面的 TFP 直接加权得到整体的 TFP，权重可以是工业总产值、职工人数、工业增加值等。本书在测度地区出口国内增加值时也采用了类似的处理，由企业层面的出口国内增加值直接加权得到地区整体的出口国内增加值，权重为企业出口额，即企业出口额占该地区规模以上出口企业总出口额的比重。具体测算结果见表 7 - 3。总体而言，地区出口国内增加值呈逐年递增趋势，由 2001 年的 146237.6 千元上升到2013 年的 8634366 千元。大部分年份，东部地区出口国内增加值远远高于中西部地区，中部地区出口国内增加值则高于西部地区。东部地区出口国内增加值一直保持稳步上升态势；西部地区则从 2011 年开始，出口国内增加值发生了质的飞跃，由 2009 年的 23 千万元多一下子上升到 2011 年的278 千万元多，增长了近 11 倍；中部地区则一直比较平稳，但是 2012 年和 2013 年出口国内增加值异常高，尤其是 2013 年出口国内增加值甚至高于东部地区，原因在于 2013 年四川和重庆的出口国内增加值特别高，总体上拉高了中部地区的出口国内增加值。

表 7 - 3	2001 ~ 2013 年地区出口国内增加值测算		单位: 千元	
年份	总体	东部地区	西部地区	中部地区
2001	146237. 6	231780. 9	111277. 0	76686. 3
2002	211046. 9	404469. 2	78861. 87	126845. 9
2003	332085. 8	737893. 9	96839. 76	97562. 97
2004	292089. 0	580971. 8	124622. 8	125141. 1
2005	458551. 9	999960. 8	113950. 9	187940. 9
2006	978715. 5	2287054. 0	179466. 5	278717. 5
2007	1441237. 0	3446923. 0	190005. 6	403861. 3
2008	2367960. 0	5796731. 0	224368. 6	600839. 6
2009	2271200. 0	5735645. 0	234744. 5	307716. 1
2011	4206455. 0	8432530. 0	2783509. 0	352153. 0
2012	5561740. 0	6480938. 0	4512367. 0	5740730. 0
2013	8634366. 0	7888646. 0	7836276. 0	10800000. 0

第二节　地区出口工资溢价的影响机理与研究假设

本书从理论上推导出了贸易边际、出口国内增加值与地区出口工资溢价间的关系，从理论上证实了地区出口贸易边际、出口国内增加值对地区出口工资溢价的影响，即式（6 - 32）。本节将进一步阐述贸易边际、出口国内增加值对地区出口工资溢价的影响机理并提出相应的研究假设。

第一，地区产品质量越高意味着生产成本越高，边际投入相应也越高；但同时地区产品质量越高，意味着该地区生产技术水平也越高，而地区生产技术水平越高，边际投入则越小。出口国内增加值越高越可能是高新技术制造业，高新技术制造业的生产成本高于传统制造业，因此，其边际投入也相应越高。但同时高新技术制造业对生产技术水平要求越高，而生产技术水平越高，相应的边际投入则越低。地区代表性企业生产的产品种类越多，意味着工人需要在不同产品种类间进行转换，进而会影响到工人的劳动生产率，因而相应地边际投入会增加。但同时产品种类越多，也意味着该地区的创新研发能力较好，地区生产技术水平较高，因而边际投入也越小。因此，地区产品质量、地区出口国内增加值和地区产品种类会通过影响边际投入进而影响代表性企业利润最大化的定价策略，代表性企业的产品定价会影响国内外消费者的最优消费量。而消费者对地区代表性企业产品的最优消费量则决定了地区代表性企业的均衡产出和均衡价格水平，并最终决定了地区均衡的工资水平。具体影响机理见图 7 - 1。本书认为，地区产品质量、出口国内增加值和地区产品种类对地区出口工资溢价的影响是不确定的，取决于其是提高了边际投入还是降低了边际投入。由此，本书提出如下假设。

假设 7 - 1　地区产品质量、产品种类和出口国内增加值对地区出口工资溢价的影响是不确定的，取决于地区产品质量、产品种类和出口国内增加值是提高了边际投入还是降低了边际投入。

图 7 - 1　产品质量、产品种类和出口国内增加值对地区出口工资溢价的影响机理

第二，地区平均出口量和出口市场越多，代表国外消费者对该地区产品的需求量越大，该地区在出口市场的销量越好，而销量的多少会影响地区利润最大化条件，进而影响地区均衡价格和均衡产量水平，并最终决定地区均衡的工资水平。另外，由于企业进入每一个出口市场都存在一定的固定沉没成本，这些成本包括了解国外市场、在国外建立新的分销渠道、确保产品符合国外的标准（包括检验、包装等）、学习国外规制环境等，一旦出口量的增加不足以弥补这些巨大的出口沉没成本，地区的盈利水平反而会下降，地区工人的工资水平也会相应地下降。具体影响机理见图 7 - 2。本书认为，平均出口数量越多，意味着地区各种制造品在出口市场的销量越好，收益越高，因此支付给工人的平均工资水平也越高。而出口市场数量与地区平均工资水平的关系取决于新的出口市场上出口量的增加是否足以弥补巨额的出口沉没成本。由此，本书提出如下假设。

假设 7 - 2　平均出口数量对地区出口工资溢价有显著的促进作用，即地区平均出口数量越多，该地区出口工资溢价也越高。

假设 7 - 3　出口市场数量与地区出口工资溢价间的关系取决于新的出口市场上出口量的增加是否足以弥补巨额的出口沉没成本。

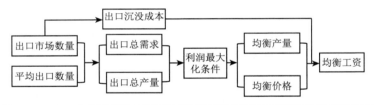

图 7 - 2　出口市场数量和平均出口数量对地区出口工资溢价的影响机理

第三，由于第六章理论模型中假设地区只存在一个代表性企业，因此理论模型并没有涉及企业数量，也并未考虑出口企业进入和退出对地区出口工资溢价的影响。本书认为，地区出口企业数量越多，意味着该地区对工人的需求越大，地区企业之间也会存在一定的劳动竞争关系，劳动者的议价能力会相对较好，因此该地区工人的工资水平也会相对较高。由此，本书提出如下假设。

假设 7 - 4　地区出口企业数量对地区出口工资溢价有显著的促进作用，即地区出口企业数量越多，地区出口工资溢价水平就越高。

第四，市场潜能也会对地区出口工资溢价产生影响。新经济地理学研究表明，市场交互作用将促使企业向拥有较大市场潜能的地区集聚，而这种集聚会带来一种基于价格的"空间外部性"，进而导致拥有较大市场潜能的劳动者获得更高的工资收入。基于此，本书认为两类市场潜能均与地区工资溢价间存在正相关关系，这也与理论模型的结论保持一致。由此，本书提出如下假设。

假设 7 - 5　两类市场潜能均对地区出口工资溢价有显著的促进作用，即国内市场潜能和国外市场潜能越大，该地区出口工资溢价水平就越高。

第三节　贸易边际、出口国内增加值与地区出口
工资溢价的经验分析

一、特征性事实描述

在本部分特征性事实描述中，各地区贸易边际和出口国内增加值数据是由 2000～2013 年中国工业企业数据库和中国海关进出口贸易数据库每年的匹配数据测算得到（具体测算方法见本章第一节），反映的是各地区规模以上出口企业的贸易边际和出口国内增加值。地区出口工资水平采用地区规模以上出

口企业平均工资，两类市场潜能的数据来源以及具体测算见本节变量说明。

图7－3～图7－7分别画出了地区规模以上企业平均工资水平与地区数量边际、价格边际、产品种类边际、出口市场边际和扩展边际的散点图。其中，纵轴为各省市规模以上出口企业平均工资水平，横轴为各省市出口贸易边际。由图7－3～图7－7可见，地区出口工资水平与地区数量边际间似乎存在某种负相关关系，地区出口工资水平与地区价格边际间似乎存在某种正相关关系，而地区出口工资与出口市场边际间关系似乎比较复杂。单纯从散点图上看，地区出口工资与产品种类边际和扩展边际间似乎不存在明显的相关关系。

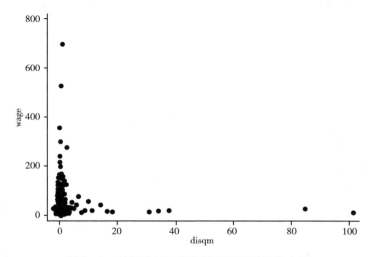

图7－3　地区出口工资与地区数量边际散点图

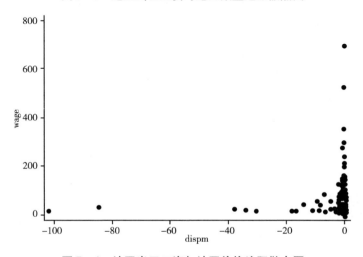

图7－4　地区出口工资与地区价格边际散点图

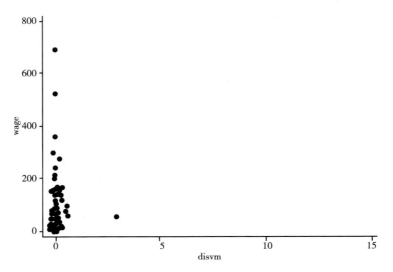

图 7 - 5　地区出口工资与产品种类边际散点图

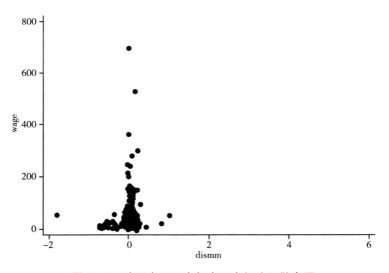

图 7 - 6　地区出口工资与出口市场边际散点图

图 7 - 8 显示了地区规模以上出口企业平均工资水平与地区出口国内增加值的散点图。同样地，纵轴为各省市规模以上出口企业平均工资水平，横轴为各省市的出口国内增加值。由图 7 - 8 可见，地区出口工资水平与地区出口国内增加值之间并不是简单的线性关系，两者之间表现出较为明显的二次函数关系。因此，在实证分析时有必要引入地区出口国内增加值的二次项来捕捉地区出口工资水平与地区出口国内增加值之间的非线性关系。

另外，我们关注两类新经济地理因素变量，即两类市场潜能与地区出口工资水平间的关系。图7–9和图7–10分别画出了地区规模以上出口企业平均工资水平与该地区国内市场潜能 DMP 和国外市场潜能 FMP 的散点图。由图7–9可见，地区规模以上出口企业平均工资水平与该地区国内市场潜能间似乎存在一定的正相关关系。由于国外市场潜能 FMP 的代理变

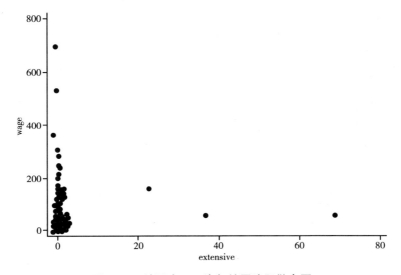

图7–7　地区出口工资与扩展边际散点图

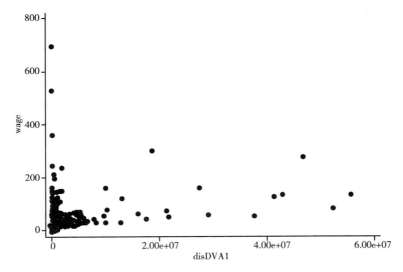

图7–8　地区出口工资与出口国内增加值散点图

量（与海外市场距离的倒数）不随时间变化，因此，图 7 – 10 描绘的是
2013 年地区出口工资水平与该地区国外市场潜能 FMP 的散点图。单纯地
从图 7 – 10 的散点图上难以看出地区出口工资水平与该地区国外市场潜能
FMP 间的关系，因此有待进一步证实。

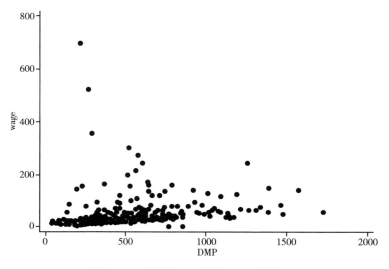

图 7 – 9　地区出口工资与 DMP 散点图

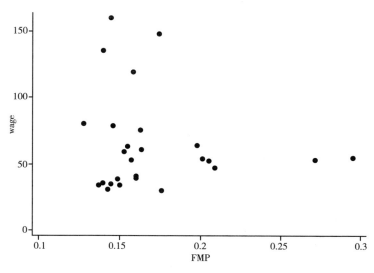

图 7 – 10　地区出口工资与 FMP 散点图

二、数据来源、模型设定及变量描述

（一）数据来源及说明

本书以 2001 ~2013 年中国 30 个省级行政区域作为研究对象，由于西藏地区匹配后规模以上出口企业每年平均数在两位数以下，因此将其剔除。各省份的原始宏观数据主要来源于同时期的各省份的统计年鉴、《中国统计年鉴》以及国家统计局官方网站。其中，外商直接投资额根据当年年均汇率将其折算为人民币。各地区出口增长的五元边际和出口国内增加值数据是由 2000 ~2013 年中国工业企业数据库和中国海关进出口贸易数据库每年的匹配数据测算得到，反映的是各地区规模以上出口企业的贸易边际和出口国内增加值（具体分解测算方法见本章第一节）。由第五章表 5 －1 可见，中国工业企业数据库和中国海关进出口贸易数据库匹配后的出口额占原始出口额的 40% 左右，因此匹配后的规模以上出口企业的贸易边际和出口国内增加值在某种程度上可以反映该地区的出口异质性特征。同样，该部分没有将 2010 年纳入研究范围（具体说明见第五章）。各区域间相邻关系以及各省级行政中心城市之间的直线距离根据国家测绘局公布的国家基础地理信息系统提供的 1∶400 万地形数据库，通过使用 Geoda 软件整理计算得到。

（二）模型选取与设定

本书第六章从新经济地理学角度构建了出口贸易边际、出口国内增加值对地区出口工资溢价影响的理论分析框架。新经济地理学基于空间距离所测度的对一个地区产出的需求规模作为该地区的市场潜能，考察它对该地区工资水平的影响，并发现市场潜能较大的地区工资水平也较高（潘文卿和陈佳楹，2019）。基于市场潜能概念，克鲁格曼（Krugman，1979、1991）提出了新经济地理理论，将贸易理论与地理经济结合起来，揭示了贸易是如何影响国家产业的空间分布，进而影响地区工资水平。

本部分基于第六章构建的理论模型，重点探讨两类地区出口异质性变量（出口贸易边际和出口国内增加值）是否会对不同省份劳动者的工资水平产生影响，并进一步考察两类地区出口异质性变量与国外市场潜能的交互作用是否会对地区工资水平产生影响。首先，我们考察两类新经济地理因素变量，即国内市场潜能和国外市场潜能是否会对各省份劳动者的工资水平产生影响以及如何影响。其次，考察两类地区出口异质性变量及其与国外市场潜能的交互作用对地区工资水平的影响。根据第六章构建的理论模型，某个地区的市场潜能包括国内市场潜能 dmp 和国外市场潜能 fmp。这一分解方法类似于雷丁和维纳布尔斯（Redding and Venables，2004）使用地区间双边贸易流量数据将某个地区的市场潜能 MA 分解为该地区的国内市场潜能 DMA 和国外市场潜能 FMA 两部分。据此，一个包含国内市场潜能与国外市场潜能的新经济地理基准模型设定如下：

$$lwage_{rt} = \alpha_0 + \alpha_1 \, lnfmp_{rt} + \alpha_2 \, lndmp_{rt} + \alpha_3 \, growth_{rt} + \alpha_4 \, growth_{rt}$$

$$\times \, lnfmp_{rt} + \sum \eta_k control_{rt} + v_r + \varepsilon_{rt} \qquad (7-7)$$

其中，下标 r 表示省份，t 表示年份。$lnwage_{rt}$ 为被解释变量，表示地区规模以上出口企业的平均工资水平。变量 $lnfmp_{rt}$ 表示 r 地区与海外市场距离对数的倒数，距离海外市场越近，产成品运到海外市场的运输成本越小，国外市场潜能则越大。若 $\alpha_1 > 0$，意味着与海外市场距离越近的省份海外市场潜能越大，该地区相应的工资水平则越高，反之亦然。变量 $lndmp_{rt}$ 表示 r 地区的国内市场潜能，若 $\alpha_2 > 0$，意味着该地区国内市场潜能越大，则该地区的工资水平也越高，反之亦然。变量 $growth_{rt}$ 表示 r 地区在 t 期的出口增长率，由于基准模型主要关注两类新经济地理因素对地区出口工资水平的影响，因此基准模型中并未对地区出口增长率进行五元边际（价格边际、数量边际、产品种类边际、出口市场边际和扩展边际）分解。若 $\alpha_3 > 0$，意味着该地区出口增长率越高，该地区的工资水平也相应越高。变量 $growth_{rt} \times lnfmp_{rt}$ 为地区出口增长率与海外市场潜能的交互项，考察地区出口增长率对地区工资水平的影响是否会受到该地区距离海外市场远近的影响。control 为其他控制变量，v_r 为 r 省份个体固定效应，ε_{rt} 为随机误差项。

    接下来，本章重点关注的是两类地区出口异质性变量及其与海外市场潜能交互作用对该地区工资水平的影响。具体而言，本章关心如下两个问题：一是两类地区出口异质性变量，即地区出口贸易边际和地区出口国内增加值是否会对该地区工资水平产生影响以及如何影响。二是两类地区出口异质性变量对地区工资水平的影响是否会与该省份距离海外市场距离的远近有关。为此，本书在第六章理论模型基础上，引入两类地区出口异质性变量与国外市场潜能的交互项，将基准模型扩展为：

$$lwage_{rt} = \alpha_0 + \alpha_1 \, lnfmp_{rt} + \alpha_2 \, lndmp_{rt} + \sum \beta_\delta \, margin_{rt} + \alpha_3 \, lndisdva_{rt}$$

$$+ \sum \gamma_\theta (margin_{rt} \times lnfmp_{rt}) + \alpha_4 \, lndisdva_{rt} \times lnfmp_{rt}$$

$$+ \sum \eta_k \, control_{rt} + v_r + \varepsilon_{rt} \qquad\qquad (7-8)$$

其中，$margin_{rt}$ 表示 r 地区出口贸易边际，分别为价格边际 dispm、数量边际 disqm、产品种类边际 disvm、出口市场边际 dismm 和扩展边际 extensive。$lndisdva_{rt}$ 表示 r 地区出口国内增加值，而交叉项 $margin_{rt} \times lnfmp_{rt}$ 和 $lndisdva_{rt} \times lnfmp_{rt}$ 是用来进一步考察地区出口贸易边际和地区出口国内增加值是否会与国外市场潜能交互影响地区工人的工资水平。

随着地理信息系统（GLS）的发展，空间数据或包含地理信息的数据（geo-referenced data）日益增多，人们越来越关注经济行为人之间的互动，空间计量经济学也因此蓬勃发展并进入主流。空间计量经济学的最大特色在于充分考虑了横截面单元之间的空间依赖性（spatial dependence）。事实上，劳动力的流动和迁移经常发生在不同地区之间，这显然会带来地区工资水平之间的空间相关性和空间依赖性。现有很多文献也表明了中国省域城镇工资水平存在显著的空间效应（王开科等，2013；王雪辉等，2016；程中华和于斌斌，2014；等等）。而随着空间单位数据集的增加，空间面板数据为研究者拓展空间建模提供了更多的可能性。本书采用空间杜宾模型（SDM）与空间误差模型（SEM）对基准模型式（7-7）和扩展模型式（7-8）分别进行空间面板估计。其中，空间杜宾模型同时考虑了解释变量和被解释变量的空间滞后项，而空间误差模型假设各经济主体之间的空间依赖性是通过误差项体现的。

（三）变量构造与说明

被解释变量 $lwage_{rt}$ 采用地区规模以上出口企业平均工资取对数表示。解释变量主要分为三类。

第一类为新经济地理因素变量，包括国内市场潜能 lndmp 和国外市场潜能 lnfmp。对于国内市场潜能的衡量方法，本书主要采用哈瑞斯（Harris，1954）的度量方法，具体计算公式为：$dmp_r = \sum_{r \neq j} Y_r / d_{rj} + Y_r / d_{rr}$。其中 Y_r 为 r 地区的国内生产总值，d_{rj} 表示 r 地区到 j 地区的距离，本书用各省级行政中心城市之间的直线距离表示，d_{rr} 表示 r 地区内部距离，内部距离计算公式为：$d_{rr} = 2/3\sqrt{area_r/\pi}$，$area_r$ 表示 r 地区的区域面积，即将城市区域面积半径的 2/3 作为城市内部距离，数据来源于《中国统计年鉴》。对于国外市场潜能的度量方法，本书采用该地区与海外市场距离对数的倒数作为代理变量，即距离海外市场越近，产成品运到海外市场的运输成本越小，国外市场潜能则越大。具体度量方法参考颜根根（2012）、潘文卿和陈佳楹（2019）的研究，以省会城市到主要港口最近公路距离对数的倒数来度量距离海外市场的远近。主要港口的选择，本书根据 2013 年各大港口的集装箱吞吐量，选取排名前 10 名的港口，测算出各省区市的省会城市到这 10 大港口的最短公路距离①。对于主要港口省区市到港口城市距离采用该省市内部距离计算。

第二类为地区出口异质性特征变量，包括地区出口贸易边际和地区出口国内增加值。其中，地区出口贸易边际变量 $margin_{rt}$，包括价格边际、数量边际、产品种类边际、出口市场边际和扩展边际，具体计算与测度参见式（7-1）、式（7-2）、式（7-3）、式（7-4）和式（7-5），该类变量主要反映各地区出口结构性差异对地区出口工资溢价的影响。地区出口国内增加值 $lndisdva_{rt}$，是由企业层面的出口国内增加值直接加权得到，权重为企业出口额（具体测算方法见本章第一节）。该变量主要揭示地区出口国内增加值对地区出口工资溢价的影响。

第三类为交互变量，主要考察两类地区出口异质性变量（地区贸易边际和地区出口国内增加值）与该地区海外市场潜能交互作用对该地区出口工资溢价的影响。另外，本章在已有文献研究的基础上，加入了以下两个控制变量：（1）外商直接投资 fdi，外商直接投资可以增加地区的资本存量，还能通过技术和知识的外溢影响地区职工的平均工资，且现有文献也表明外商直接投资能够促进地区工资水平的提高（刘修岩等，2007；王雪辉等，2016）。因此，本书采用外商直接投资额占 GDP 比重作为其代理变量加入模型中。（2）资本投入 lncapital，投资是拉动经济增长的"三驾马车"之一，是经济发展的主要动力，该变量一定程度上反映一个地区固定资产投资情况和经济发展状况，对该地区工资水平产生影响。现有研究也表明资本投入对本区域的人均收入水平会产生正效应（姚鹏和孙久文，2015）。因此，本书采用人均固定资产投资，即全社会固定资产投资/年末常住人口，作为该地区资本投入的代理变量。模型中各变量的符号和含义具体如表 7-4 所示。

表 7-4　　　　　　　　　　模型中的变量、符号及含义

变量	符号	含义
被解释变量：地区出口工资水平	lwage	地区规模以上出口企业平均工资取对数
解释变量		

①　2013 年全国港口集装箱吞吐量前 10 名的港口分别为上海港、深圳港、宁波—舟山港、青岛港、广州港、天津港、大连港、厦门港、连云港和苏州港。

变量	符号	含义
新经济地理因素变量		
国内市场潜能	lndmp	国内市场潜能取对数
国外市场潜能	lnfmp	以省会城市到主要港口最近公路距离对数的倒数
地区出口异质性特征变量		
贸易边际：价格边际	dispm	见式（7-1）
数量边际	disqm	见式（7-2）
产品种类边际	disvm	见式（7-3）
出口市场边际	dismm	见式（7-4）
扩展边际	extensive	见式（7-5）
出口国内增加值	lndisdva	企业层面的出口国内增加值加权后取对数
控制变量		
外商直接投资	fdi	外商直接投资额占 GDP 比重
资本投入	lncapital	人均固定资产投资取对数

三、空间权重矩阵设定与空间相关性检验

（一）空间权重矩阵设定

空间权重矩阵主要反映的是所观测的个体区域或经济变量在空间分布上的相互依赖与关联程度，设定科学合理的空间权重矩阵是构建空间计量模型的关键。目前较为常用的构建空间权重矩阵方法主要是通过邻接标准或者距离标准来设定。邻接标准是指若两个空间单元之间相邻，则认为两者存在空间相关，反之则不相关。相邻关系主要分为三种，即车相邻（两个相邻区域有共同的边）、象相邻（两个相邻的区域有共同的顶点，但没有公共边）和后相邻（两个相邻的区域有公共边或者是共同顶点）。距离标准是指由两个空间单元之间的距离大小决定两者的空间相关程度，距离越近则空间相关程度越高，距离越远则空间相关程度越低。距离不仅有狭义距离还有广义距离，狭义的距离通常是从地理角度测度的距离，而广义的距离则包括经济距离、社会距离或者时间距离等。因此，本书从地理特征和社会经济特征两个不同角度分别建立地理距离空间权重矩阵和经济距离空间权重矩阵，以便更为全面地反映地区出口工资溢价的影响因素以及

空间相关性。

1. 地理距离空间权重矩阵

由于简单的相邻空间权重矩阵认为空间单元之间的联系仅仅取决于两者是否相邻，如果相邻则取 1，不相邻则取 0。这种简单二分权重矩阵实际上是对相邻地区赋予相同的权重，而不相邻地区之间权重为 0，即没有任何联系。然而，事实上正如林光平等（2005）中所指出的那样，相邻地区间的关系并不完全相同。例如，河北与北京、天津、内蒙古、山东、山西、河南相邻，但河北省与北京、天津的经济相关程度明显高于其他省份。再比如上海只与浙江和江苏相邻，但我们不能认为上海与其他省份没有任何联系，也不能认为上海和地理上相对较近的福建、山东的相互联系与地理上相对较远的新疆、西藏的相互影响是等同的。而在简单相邻矩阵中，上海与福建、山东、新疆和西藏均不相邻，即权重都为 0。这显然是不符合实际情况的。基于此，本书通过地理距离标准来构造空间权重矩阵，以各省级行政中心城市之间直线距离平方的倒数作为地理距离空间权重矩阵 W_1：

$$W_{rj} = \begin{cases} 1/d^2 & r \neq j \\ 0 & r = j \end{cases} \qquad (7-9)$$

其中，d 表示两地区行政中心城市之间的直线距离，地理空间权重矩阵主对角线上元素为 0，即同一区域的距离为 0。

2. 经济距离空间权重矩阵

事实上，在空间计量经济学中人们往往关注的是变量的经济意义以及其在经济发展中的区域相关性，而这恰恰是简单的地理距离所不能解释的，很多情况下地理距离很近的两个区域并不必然产生经济上的相互联系。因此，许多学者引入经济距离空间权重矩阵，即经济距离越近的两区域的空间相关性越强，而经济距离越远的两区域的空间相关性越弱。其中，比较有代表性的是林光平等（2005）提出的以相邻地区人均 GDP 差额作为地区经济距离指标，即相邻地区间人均 GDP 差距越小，其经济上的相互联系就越强，空间权重系数就越大。然而，由此构建的经济距离空间权重矩阵也存在一定的缺陷，该矩阵没有反映发达地区能够对周围地区产生更大的辐射力及吸引力（陈晓玲和李国平，2006），例如北京对河北的影响明显大于河北对北京的影响。因此，本书参考李靖等（2010）的方法，构建了如下经济距离空间权重矩阵 W_2，$W_2 = W_1 \times E$。其中，W_1 为地理距离空间权重矩阵，即式（7-9），E 是描述地区间经济距离的矩阵，则有：

$$E_{rj} = \frac{\overline{Y}_j}{\overline{Y}}$$

$$(7-10)$$

其中，$\overline{Y}_j = [1/(t_1 - t_0 + 1)] \sum_{t_0}^{t_1} Y_{jt}$ 为考察期内 j 地区人均 GDP 平均值；$\overline{Y} = [1/R(t_1 - t_0 + 1)] \sum_{j=1}^{R} \sum_{t_0}^{t_1} Y_{jt}$ 为考察期内所有地区人均 GDP 平均值。通过上述矩阵，可以发现当一个地区人均 GDP 占比比较大时，其对周边地区的影响也越大，赋予的空间权重也越大。

（二）空间相关性检验

在进行空间计量回归之前，首先要考察数据是否存在空间依赖性。如果不存在则使用标准的计量方法即可；如果存在则可以使用空间计量方法。因此，本书采用 Moran's I 指数对被解释变量即地区规模以上出口企业平均工资水平进行空间效应检验，具体检验结果见表 7-5。由表 7-5 可见，地区规模以上出口企业平均工资的 Moran's I 指数在 2001~2006 年、2008 年、2009 年均通过了 5% 的显著性检验，说明全国各个省份平均工资空间分布并不是完全随机状态，而是表现出一定的空间依赖性。这也说明对于中国区域经济理论与实证研究，传统研究单纯从时间维度出发，忽视了空间纬度的依赖性和异质性，在理论上存在严重不足，不符合经济发展现实。因此，本书在实证分析部分有必要考虑空间依赖性和空间异质性。

表 7-5　　　　　2001~2013 年地区平均工资的 Moran's I 及相应 p 值

年份	Moran's I	p 值	年份	Moran's I	p 值
2001	0.722	0	2007	-0.013	0.506
2002	0.323	0.002	2008	0.059	0.021
2003	0.285	0.004	2009	0.198	0.002
2004	0.191	0.003	2011	0.061	0.326
2005	0.309	0.003	2012	0.012	0.673
2006	0.214	0.026	2013	-0.144	0.309

四、基准模型估计：关注两类新经济地理因素变量

本书先考察两类新经济地理因素变量是否会影响中国不同省份劳动者的工资水平。在进行空间面板模型估计之前，本书进行了豪斯曼检验，检验结果拒绝随机效应的原假设，故采取固定效应（Fixed effects）模型。事

实上，当样本随机取自总体时，选择随机效应模型较为合适；当回归分析局限于一些特定个体时，则应选择固定效应模型（Baltagi，2001）。显然，本书关于中国 30 个省份工资水平的实证研究，固定效应模型是更好的选择。本书采用地理距离空间权重和经济距离空间权重对式（7-7）分别进行空间杜宾模型（SDM）与空间误差模型（SEM）估计。作为对比，本书也采用了传统的 OLS 估计，估计结果见表 7-6。由表 7-6 可知，不管是 SDM 还是 SEM，模型中核心解释变量的估计结果基本保持一致，被解释变量的空间自回归系数 ρ 和误差项的空间自回归系数 λ 在地理距离空间权重和经济距离空间权重矩阵下都通过了显著性检验，说明被解释变量和空间误差项确实存在显著的空间溢出效应，如果单纯用传统计量方法而忽略它们之间的相互依赖与相互影响，必定会造成估计结果有偏且不能全面解释地区出口工资溢价的作用机制和空间效用。事实上，从模型总体的拟合优度看，SDM 和 SEM 的总体拟合优度明显优于 OLS 的拟合效果，表明将空间相关性纳入计量模型中能更好地解释新经济地理因素变量对地区出口工资溢价的影响。进一步观察估计结果，我们发现 SDM 的总体拟合优度（0.7233 和 0.7249）要显著高于 SEM 的拟合优度（0.7054 和 0.7050），因此，本书选择 SDM 模型进行回归结果分析。进一步分析表明，SDM 模型中基于经济距离的总体拟合优度（0.7249）优于基于地理距离的总体拟合优度（0.7233），这也说明了相邻地区间经济差距对地区出口工资水平的影响整体上要优于单纯的地理空间上相邻的影响，基于经济距离的空间权重矩阵更能反映地区间工资水平的空间相关性。因此，本书最终选择基于经济距离的 SDM 模型对基准模型回归结果进行分析。

表 7-6　　　　　　　　　　　　　基准模型估计结果

解释变量	OLS	SDM		SEM	
		地理距离	经济距离	地理距离	经济距离
lnfmp	-6.3069 *** (1.0026)				
lndmp	0.2447 *** (0.0660)	1.0475 *** (0.3018)	1.0685 *** (0.3119)	0.9379 *** (0.1971)	0.9997 *** (0.2098)
growth	0.0782 *** (0.0111)	0.0480 ** (0.0201)	0.0443 ** (0.0209)	0.0555 *** (0.0164)	0.0518 *** (0.0160)
fdi	0.1329 ** (0.0588)	-0.0055 (0.0611)	-0.0144 (0.0557)	0.0220 (0.0682)	0.0178 (0.0658)

续表

解释变量	OLS	SDM		SEM	
		地理距离	经济距离	地理距离	经济距离
lncapital	0.5849 *** (0.0498)	0.1560 (0.1790)	0.1472 (0.1999)	0.1382 (0.1466)	0.1011 (0.1528)
growth × lnfmp	− 0.3946 *** (0.0560)	− 0.2446 ** (0.1011)	− 0.2260 ** (0.1054)	− 0.2816 *** (0.0822)	− 0.2634 *** (0.0803)
W × lndmp		− 8852.776 *** (2842.561)	− 4759.727 *** (804.3494)		
W × growth		− 2943.283 ** (1470.296)	− 2661.057 ** (1072.519)		
W × fdi		− 5955.654 (3738.551)	− 4890.43 ** (2090.206)		
W × lncapital		2820.59 (2139.395)	899.0879 (1051.479)		
W × (growth × lnfmp)		13983.64 * (7170.989)	12685.12 ** (5211.187)		
ρ		2380.478 *** (905.6361)	1116.849 *** (390.8479)	3350.467 *** (907.2905)	1928.339 *** (437.0214)
R-squared	0.6244	0.7233	0.7249	0.7054	0.7050
Log-L		− 183.6630	− 183.9104	− 191.1741	− 192.6444

注：估计系数下方括号中数据对应估计系数的标准差，***、** 和 * 分别代表 1%、5% 和 10% 的显著性水平。

由于国外市场潜能 lnfmp 为非时变变量，固定效应模型无法估计，因此采用 OLS 回归结果分析国外市场潜能对地区工资水平的影响，其余变量采用基于经济距离的 SDM 模型进行分析。由表 7-6 可见，两类新经济地理因素变量，即国内市场潜能和国外市场潜能都是影响中国地区工资水平的重要因素，两者都在 1% 的水平上显著。其中，海外市场潜能 lnfmp 的系数显著为负，表明海外市场潜能与地区工资水平间存在显著的负相关关系，即距离海外市场越近的地区，其工资水平反而越低。这一结论与本章假设 7-5 刚好相反，原因可能在于距离海外市场越近的沿海省份由于其便利的港口设施和较低的运输成本，这些地区往往会大力发展出口贸易。然而，由于中国的制造业出口仍停留在 GVC 的低端环节，难以脱离低成本生产要素、低技术含量和低附加值的生产模式，再加上沿海省份出口企业数量较多，同质化竞争严重，企业之间通过不断压低工人工资水平来降低生产成本。另外，由于沿海省份出口企业集聚，从而吸引大量中西部地区农村劳动力拿着较低的劳动报酬从事简单重复的低技术工作，进而降低了该地区的工资水平。而国内市场潜能 lndmp 的系数显著为正，这一结论与本章假设 7-5 保持一致。新经济地理学研究表明，市场交互作用将促使企业向拥有较大市场潜能的地区聚集，而这种聚集会带来一种基于价格的"空间外部性"，从而导致拥有较大市场潜能地区的劳动者可以获得更高的收入水平。然而，地区国内市场潜能对周边地区工资水平的影响却显著为负，这说明，地区市场潜能越大，周边地区工资水平反而越低。当某一地区的市场潜能较大，它会吸引周边地区的物质和人力资本向该地区集聚，而周边地区的经济发展会由于资本的缺乏失去经济增长的持续动力，进而降低了周边地区的工资水平。地区出口增长率 growth 的系数显著为正，说明地区出口增长率越高，该地区的工资水平也相应越高。然而，地区出口增长率对周边地区工资水平的影响却显著为负。事实上，地区出口增长率对地区工资水平的促进作用到底是通过价格边际、数量边际、产品种类边际、出口市场边际还是扩展边际实现的，以及地区出口增长率对周边地区工资水平的负向影响具体是通过哪种途径实现的，这些都是本书在扩展模型中重点探讨的问题。另外，地区出口增长率与国外市场潜能的交互项对地区工资水平的影响显著为负，而地区出口增长与国外市场潜能交互项对周边地区工资水平的影响显著为正。同样地，这也是本书在扩展模型中重点探讨的问题，这里不再赘述。最后，地区外商直接投资 fdi 和地区资本投入 lncapital 对地区工资水平的影响不显著。

五、扩展模型估计：关注两类地区出口异质性变量

（一）扩展模型估计结果

正如前面所指出的那样，本书关心的核心问题是，两类地区出口异质性变量，即地区出口贸易边际和地区出口国内增加值是否会对该地区工资水平产生影响以及如何影响。同时，本书还关心两类地区出口异质性变量对地区工资水平的影响是否会与不同省区市距离海外市场的远近有关。因此，本书采用地理距离空间权重和经济距离空间权重对式（7-8）分别进行空间杜宾模型（SDM）与空间误差模型（SEM）估计。作为对比，本书也采用了传统的 OLS 估计，估计结果见表 7-7。由表 7-7 可知，不管是

SDM 还是 SEM，模型中核心解释变量的估计结果基本保持一致，这也说明本书扩展模型的回归结果是较为稳健的。从模型总体的拟合优度、最大似然值、被解释变量的空间自回归系数 ρ 和误差项的空间自回归系数 λ 综合考虑，本书最终仍然选择基于经济距离的 SDM 模型对扩展模型估计结果进行分析。

表 7 - 7　　　　　　　　　　　　　扩展模型估计结果

解释变量	OLS	SDM		SEM	
		地理距离	经济距离	地理距离	经济距离
disqm	0. 5479 ** (0. 2667)	0. 5701 *** (0. 1794)	0. 6457 *** (0. 1895)	0. 5914 *** (0. 1931)	0. 5768 *** (0. 1746)
dispm	0. 5499 ** (0. 2674)	0. 5652 *** (0. 1796)	0. 6412 *** (0. 1893)	0. 5883 *** (0. 1925)	0. 5735 *** (0. 1741)
disvm	− 0. 4098 (0. 5905)	− 0. 1082 (0. 2789)	− 0. 0424 (0. 3200)	0. 0009 (0. 2810)	− 0. 0357 (0. 2827)
dismm	0. 1034 (0. 4651)	− 0. 6062 *** (0. 1928)	− 0. 6750 *** (0. 2067)	− 0. 3735 * (0. 2207)	− 0. 3783 * (0. 2144)
extensive	0. 1317 ** (0. 0622)	0. 0607 (0. 0395)	0. 0360 (0. 0505)	0. 0759 (0. 0470)	0. 0793 * (0. 0465)
lndisdva	− 0. 3069 *** (0. 1155)	0. 4021 *** (0. 0959)	0. 3861 *** (0. 0888)	0. 4280 *** (0. 0667)	0. 3940 *** (0. 0602)
lndisdva^2	0. 0075 * (0. 0041)	− 0. 0071 ** (0. 0035)	− 0. 0063 * (0. 0036)	− 0. 0085 *** (0. 0029)	− 0. 0077 *** (0. 0028)
lnfmp	− 22. 0237 *** (5. 0283)				
lndmp	0. 2098 *** (0. 0704)	1. 1274 *** (0. 2510)	1. 1102 *** (0. 2806)	1. 1359 *** (0. 1871)	1. 1649 *** (0. 1918)
fdi	0. 1477 *** (0. 0551)	− 0. 0034 (0. 0479)	− 0. 0104 (0. 0429)	0. 0060 (0. 0447)	0. 0036 (0. 0422)
lncapital	0. 5917 *** (0. 0498)	0. 0983 (0. 1519)	0. 0924 (0. 1839)	0. 0034 (0. 1395)	− 0. 0139 (0. 1417)
disqm × lnfmp	− 1. 5718 (1. 3348)	− 2. 1387 *** (0. 7633)	− 2. 5804 *** (0. 9367)	− 2. 0120 ** (0. 9223)	− 1. 9072 ** (0. 8491)

续表

解释变量	OLS	SDM		SEM	
		地理距离	经济距离	地理距离	经济距离
dispm × lnfmp	− 1. 5802 （1. 3378）	− 2. 1164 *** （0. 7610）	− 2. 5606 *** （0. 9335）	− 1. 9969 ** （0. 9199）	− 1. 8916 ** （0. 8478）
disvm × lnfmp	2. 6870 （3. 8990）	0. 7359 （1. 8168）	0. 3350 （2. 0852）	0. 0360 （1. 8255）	0. 2361 （1. 8348）
dismm × lnfmp	− 1. 4555 （3. 0642）	2. 9827 ** （1. 3444）	3. 3809 ** （1. 4472）	1. 3824 （1. 5169）	1. 3591 （1. 5007）
extensive × lnfmp	− 0. 6843 ** （0. 3146）	− 0. 3238 （0. 19923）	− 0. 1978 （0. 2543）	− 0. 4011 * （0. 2356）	− 0. 4194 * （0. 2334）
lndisdva × lnfmp	1. 0271 *** （0. 3550）	− 0. 8610 ** （0. 3805）	− 0. 8697 ** （0. 3842）	− 0. 8595 ** （0. 3361）	− 0. 8056 ** （0. 3236）
W × disqm		− 537. 3268 （6950. 887）	798. 9106 （2220. 249）		
W × dispm		− 841. 6756 （6953. 008）	667. 7541 （2181. 337）		
W × disvm		− 33617. 63 ** （16260. 5）	− 22958. 34 ** （9276. 723）		
W × dismm		− 530. 5243 （9397. 469）	− 11791. 06 （7902. 638）		
W × extensive		− 1849. 825 （1724. 121）	− 2122. 501 ** （1007. 657）		
W × lndisdva		− 10198. 55 *** （3615. 015）	− 5575. 409 ** （2341. 141）		
W × lndisdva^2		354. 9788 ** （144. 556）	264. 7811 *** （84. 9696）		
W × lndmp		− 7077. 61 ** （3346. 418）	− 4843. 847 *** （1302. 707）		
W × fdi		74. 2137 （4027. 902）	− 2114. 853 （3034. 992）		
W × lncapital		3077. 317 （2085. 466）	1789. 247 （1307. 652）		

续表

解释变量	OLS	SDM		SEM	
		地理距离	经济距离	地理距离	经济距离
W × (disqm × lnfmp)		621.9233 (29083.48)	-3434.054 (8839.67)		
W × (dispm × lnfmp)		1930.16 (29094.65)	-2888.009 (8706.124)		
W × (disvm × lnfmp)		211433.3** (103960.2)	128812.3** (52817.95)		
W × (dismm × lnfmp)		-15647.29 (57390.83)	47211.28 (41674.52)		
W × (extensive × lnfmp)		8401.77 (8460.17)	9950.747** (4845.058)		
W × (lndisdva × lnfmp)		401.5109 (16646.35)	-8611.015 (5315.58)		
ρ		1286.431 (874.1062)	642.7593* (372.593)	4168.698*** (943.6889)	2161.383*** (458.5965)
R-squared	0.6690	0.7773	0.7754	0.7373	0.7378
Log-L		-146.0069	-147.6381	-167.0331	-170.1503

注：估计系数下方括号中数据对应估计系数的标准差，***、**和*分别代表1%、5%和10%的显著性水平。

由表7-7可见，引入两类地区出口异质性变量后，模型的总体拟合优度和最大似然值较表7-6都有了明显的提高，这也说明了出口贸易边际、出口国内增加值是影响地区出口工资水平的重要因素。在引入地区出口异质性变量后，地区国内市场潜能 lndmp 的系数仍显著为正，地区国外市场潜能 lnfmp 的系数仍显著为负，与基准模型估计结果保持一致。

首先，我们重点关注第一个问题，即地区出口贸易边际和出口国内增加值对地区工资水平是否有影响以及如何影响。表7-7回归结果表明，出口市场边际对地区出口工资溢价影响最大，价格边际次之，数量边际最小，而产品种类边际和扩展边际对地区出口工资溢价并未产生显著影响。具体而言，地区价格边际和数量边际对地区出口工资水平有显著的正向影响，即地区价格边际越大，该地区工资水平也越高。正如本章第二节所述，虽然地区产品质量越高意味着生产成本越高，边际投入相应也越高。

但是，地区产品质量越高，也意味着该地区生产技术水平越高，相应的边际投入就越低。而实证研究结果表明，后者的影响大于前者，因此，地区价格边际主要通过降低边际投入，进而提高了本地区工人的工资水平，这一结论为本章假设7-1提供了实证依据。地区数量边际对地区出口工资水平的提高也有显著的促进作用，即地区出口数量增长越快，意味着产品在出口市场的销量越好，相应的利润也越高，因此支付给工人的工资水平也越高，这一结论与本章假设7-2保持一致。地区产品种类边际对地区出口工资溢价有负向影响，但并不显著。地区出口市场边际对地区出口工资溢价有显著的负向影响，即地区出口市场边际越大，该地区出口工资水平反而越低。正如本章第二节所述，出口市场越多，意味着该地区各种制造品总的出口数量越多，地区总收益越高，因此支付给工人的平均工资水平也越高。但企业进入每一出口市场都会存在巨额的出口沉没成本。出口市场越多，意味着该地区出口沉没成本也越高，相应地利润水平必定会受到影响。因此，出口市场边际与地区出口工资水平的关系取决于新的出口市场上出口量的增加是否足以弥补巨额的出口沉没成本。而实证结果表明，企业在新的出口市场上的销量相对比较低，不足以弥补巨额的出口沉没成本，因此，反而降低了该地区工人平均工资水平，这一结论为本章假设7-3提供了实证依据。这也表明了各地区要想通过鼓励企业开拓新的出口市场来提高工人工资水平在短期内是不可行的。正如比斯德和普鲁萨（Besedeš and Prusa，2011）所述的那样，大部分新的贸易关系持续时间是短暂的，因此，只有新的贸易关系存续下来并得以深化，才会对出口增长产生影响。同样地，大部分企业在新的出口市场存续时间是短暂的。当面临短期亏损时大部分企业会选择直接退出该市场，而只有那些面临亏损仍然坚持下来并不断调整产品、调整营销策略以期符合当地消费者需求的企业，才能长久在该市场存活下来并最终获取更多利润，提高工人工资水平。扩展边际，即新的出口企业进入与旧的出口企业退出引起的地区出口增长对该地区出口工资水平有正向影响但不显著，这一结论与本章假设7-4有所出入。原因可能在于中国劳动力市场相对较为完善，劳动者可以迅速从旧的出口企业转移到新的出口企业而对工资水平没有造成太大的影响，尤其是对那些出口企业密集的地区。由此可见，基准模型中地区出口增长率对地区工资水平的促进作用主要是通过地区价格边际和地区数量边际实现的，地区出口市场边际反而降低了地区工资水平，而地区产品种类边际和扩展边际对地区工资水平的提升并未产生显著影响。

　　其次，由图7-8可见，地区出口工资水平与地区出口国内增加值之间并不是简单的线性关系，两者之间表现出较为明显的二次函数关系。因此，在实证分析时引入了地区出口国内增加值的二次项 lndisdva^2。实证结果表明，地区出口国内增加值与地区工资水平间确实存在明显的倒"U"型关系。当地区出口国内增加值较低时，随着出口国内增加值的提高，地区工资水平也相应地提高。然而，当地区出口国内增加值达到一定的临界水平之后，地区出口国内增加值的提高反而降低了该地区工人的工资水平。原因可能在于当地区出口国内增加值较低时，意味着该地区在全球价值链中处于低端环节，产品技术含量和附加值都比较低，随着出口国内增加值的提高，企业逐渐提高产品技术含量和产品附加值，慢慢向价值链中高端攀升，因此，企业利润也相应增加，支付给工人的工资水平也相应提高。然而，当地区出口国内增加值达到一定程度之后，想要再提升出口国内增加值，企业必须投入大量的研发费用，雇用更多的高技术工人。因此，企业的成本必定会上升，短期内反而导致企业利润下降，工人工资水平下降。

再次，我们关注第二个问题，即地区出口异质性变量对地区工资水平的影响是否会与该省份距离海外市场的远近有关。由表7-7可见，交叉项 disvm × lnfmp 和交叉项 extensive × lnfmp 的系数不显著，意味着地区产品种类边际和扩展边际对地区工资水平的影响不会受到该地区距离海外市场远近的影响。交叉项 dispm × lnfmp、交叉项 disqm × lnfmp 和交叉项 lndisdva × lnfmp 的系数为负且通过了显著性检验，交叉项 dismm × lnfmp 的系数为正且通过了显著性检验，表明地区价格边际、数量边际、出口市场边际和出口国内增加值对地区工资水平的影响与该地区距离海外市场远近有关。相同幅度价格边际、数量边际或出口国内增加值的提升，对那些距离海外市场越近的地区，其工资水平提升的抑制作用越强；而距离海外市场越远的地区，其工资水平提升的损害越弱。原因可能在于，对于那些距离海外市场较近的沿海省份，虽然价格边际、数量边际或出口国内增加值的提高，对该地区工资水平有提升作用，但由于距离海外市场较近，其出口企业集聚，吸引大量中西部地区劳动力向沿海地区转移，而这些转移过来的农村劳动力由于教育水平有限只能从事简单低技术工作，因此，拉低了本地区的工资水平，从而大大抵销了因价格边际、数量边际或出口国内增加值增加带来的工资水平的提升。相同幅度出口市场边际的提升，对那些距离海外市场越近的地区，其工资水平提升的越多；而距离海外市场越远的地区，其工资水平提升得越少。原因可能在于，对于那些距离海外市场较近的沿海省份，由于其便利的港口设施和地理位置，其前期海外市场调研费用、在海外建立分销渠道的费用等相对较低。相同幅度出口市场边际的提升，对于距离海外市场越近的省份，其进入新出口市场的固定沉没成本越低，因此，其在出口市场上新增的出口额足以弥补固定沉没成本，企业利润增加，工人的工资水平也相应提高。由此可见，基准模型中地区出口增长率与国外市场潜能交互项对地区工资水平的负向影响主要是由地区价格边际与国外市场潜能交互项、地区数量边际与国外市场潜能交互项造成的，地区出口市场边际与国外市场潜能交互项对地区工资水平有显著正向影响，而地区产品种类边际与国外市场潜能交互项、地区扩展边际与国外市场潜能交互项并未对地区工资水平产生显著影响。

最后，在引入地区出口异质性变量后，地区外商直接投资 fdi 和地区资本投入 lncapital 对地区工资水平的影响仍不显著。

（二）变量的直接效应与间接效应

传统的回归分析假设观察值是独立的，因而估计系数可以直接解释为解释变量对被解释变量的偏导数。但是，空间模型中包含着相邻区域的影响，所以系数的解释就变得较为复杂。因此，只有利用直接效应、间接效应和总效应才能解释空间系数的影响，具体估计结果见表 7 - 8。

表 7 - 8   模型的直接效应和间接效应

解释变量	直接效应	间接效应	总效应
disqm	0.6556 *** (0.1954)	0.0754 (0.1770)	0.7309 *** (0.2687)
dispm	0.6496 *** (0.1937)	0.0653 (0.1739)	0.7149 *** (0.2661)
disvm	- 0.0559 (0.3343)	- 1.6950 ** (0.6974)	- 1.7510 ** (0.8753)
dismm	- 0.7180 *** (0.2018)	- 0.9966 (0.6174)	- 1.7146 ** (0.6827)
extensive	0.0271 (0.0477)	- 0.1608 ** (0.0810)	- 0.1337 (0.1050)
lndisdva	0.3804 *** (0.0890)	- 0.4054 ** (0.1742)	- 0.0250 (0.1725)
lndisdva^2	- 0.0057 (0.0161)	0.0199 *** (0.0065)	0.0142 (0.0179)

续表

解释变量	直接效应	间接效应	总效应
lnfmp	- 0. 00008 (0. 0294)	0. 000002 (0. 0017)	- 0. 00008 (0. 0309)
lndmp	1. 1289 *** (0. 2812)	- 0. 3128 *** (0. 1008)	0. 8161 ** (0. 3452)
fdi	- 0. 0135 (0. 0466)	- 0. 1538 (0. 2351)	- 0. 1672 (0. 2567)
lncapital	0. 0771 (0. 1852)	0. 1383 (0. 1051)	0. 2153 (0. 2512)
disqm × lnfmp	- 2. 6104 *** (0. 9689)	- 0. 3151 (0. 7106)	- 2. 9255 ** (1. 3071)
dispm × lnfmp	- 2. 5932 *** (0. 9661)	- 0. 2734 (0. 7001)	- 2. 8666 ** (1. 3002)
disvm × lnfmp	0. 4011 (2. 1538)	9. 5075 ** (4. 0758)	9. 9086 * (5. 3899)
dismm × lnfmp	3. 6044 *** (1. 4057)	4. 0685 (3. 2759)	7. 6729 ** (3. 7549)
extensive × lnfmp	- 0. 1549 (0. 2407)	0. 7536 * (0. 3890)	0. 5987 (0. 5126)
lndisdva × lnfmp	- 0. 9176 *** (0. 3565)	- 0. 7118 (0. 4414)	- 1. 6295 ** (0. 6565)

注：估计系数下方括号中数据对应估计系数的标准差，*** 、** 和 * 分别代表1%、5%和10%的显著性水平。

首先，由表7-8可见，地区价格边际和地区数量边际的直接效应显著为正，而间接效应不显著。这意味着地区价格边际和数量边际对本区域工人工资水平的提升有积极影响，然而对周边地区工资水平的提升却未产生显著影响。地区产品种类边际和扩展边际的直接效应不显著，而间接效应却显著为负。这意味着地区产品种类边际和扩展边际虽对本地区工人工资水平的提升并未产生显著影响，但对周边地区工资水平的提升却有显著的负效应。地区出口市场边际的直接效应显著为负，而间接效应不显著，说明地区出口市场边际对本地区工人工资水平有负向影响，而对周边地区工资水平的提升并未产生显著影响。这也进一步验证了基准模型中地区出口增长率对周边地区工资水平的负效应主要是通过地区产品种类边际和扩展边际实现的。

其次，我们关注地区出口国内增加值的空间溢出效应。地区出口国内增加值的直接效应显著为正，间接效应显著为负；地区出口国内增加值二次项的直接效应为负但不显著，而间接效应显著为正。这意味着地区出口国内增加值与本地区工资水平间存在倒"U"型关系，而与周边地区工资水平间存在显著的"U"型关系。即当地区出口国内增加值较低时，随着地区出口国内增加值的提高，周边地区的工资水平反而下降。而当地区出口增加值达到一定临界水平之后，地区出口国内增加值的提高能够促进周边地区工资水平的提升。原因可能在于，当地区出口国内增加值较低时，随着地区出口国内增加值的提高，企业不断提高产品技术含量和产品附加值，在向价值链中高端攀升的过程中，该地区需要雇用大量的高技能工人，因此会吸引周边地区高技能工人向该地区转移，而周边地区由于高技能工人的流失，整体上拉低了周边地区工人的平均工资水平。然而，当地区出口国内增加值达到一定的临界水平后，说明该地区的生产技术水平已经达到一定高度，随着地区出口国内增加值的持续提高，周边地区也会进行有效的模仿、吸收并引进技术，使得周边地区从溢出效应中获益。

最后，我们关注地区出口异质性变量与国外市场潜能交互项的空间溢出效应。由表7-8可见，地区产品种类边际与国外市场潜能交互项、地区扩展边际与国外市场潜能交互项的直接效应不显著，而间接效应显著为正。这表明地区产品种类边际与国外市场潜能交互项、地区扩展边际与国外市场潜能交互项虽对本地区工资水平的提升并未产生显著影响，但对周边地区工资水平的提升却有显著的正效应。而地区价格边际与国外市场潜能交互项、地区数量边际与国外市场潜能交互项、地区出口市场边际与国外市场潜能交互项以及地区出口国内增加值与国外市场潜能交互项虽然对本地区工资水平有显著影响，但对周边地区工资水平的提升并未产生显著影响。这也说明基准模型中地区出口增长率与国外市场潜能交互项对周边地区工资水平的促进作用主要是通过地区产品种类边际与国外市场潜能交互项、地区扩展边际与国外市场潜能交互项实现的。

六、稳健性检验

为了得到稳健性的估计结果，本书分别考虑了不同空间权重下的估计结果。在上述基准模型和扩展模型估计中，本书参考李靖等（2010）的方法，构建了经济距离空间权重矩阵 W_2，见式（7-10）。

但是，该经济距离空间权重矩阵忽略了一个重要的问题，就是时间效应。上述经济距离空间权重矩阵中 E 反映的是地区各期人均 GDP 的简单算术平均，相当于给予各期人均 GDP 以相同的权重，但实际上与现期越接近，其人均 GDP 对现期的影响则越大。因此，本书参考唐礼智等（2014）对经济距离空间权重的构造方法，具体如下。

假设样本考察期 $t \in [1, T]$，则 t 期的人均 GDP 对 $\overline{Y}_j^*$ 的贡献度为 $\dfrac{2t}{(1+T)T}$，即越靠近现期，则 t 越大，相应地给予的权重也越大，且 $\sum_{t=1}^{T} \dfrac{2t}{(1+T)T} = 1$；同时参考价格指数理论的构造方法及检验公理，构造 j 地区在样本考察期内的 $\overline{Y}_j^*$ 为：

$$\overline{Y}_j^* = \prod_{t=1}^{T} Y_{jt}^{2t/(1+T)T} \tag{7-11}$$

由此本书构建了经济距离权重矩阵 W_3，$W_3 = W \times E_1$。其中，W 为地理距离空间权重矩阵，不同于式（7-10）中的地理距离空间权重矩阵 W_1，W 表示各省级行政中心城市之间直线距离的倒数，E_1 是考虑了时间效应的地区间经济距离矩阵：

$$E_{rj} = \frac{\overline{Y}_j^*}{\overline{Y}^*} \tag{7-12}$$

其中，$\overline{Y}^* = 1/R \sum_{j=1}^{R} \overline{Y}_j^*$。因此，经济距离空间权重矩阵 W_3 既考虑了时间效应也考虑了空间效应。

另外，为了进一步检验模型估计结果的稳健性，本书构建了经济距离空间权重矩阵 W_4，$W_4 = W \times E$。其中 W 为地理距离空间权重矩阵，即各省级行政中心城市之间直线距离的倒数，E 是描述地区间经济距离的矩阵，即式（7-10）。

因此，本书根据经济距离空间权重矩阵 W_3 和 W_4 重新对式（7-8）进行空间杜宾模型（SDM）与空间误差模型（SEM）估计，具体估计结果见表 7-9。估计结果表明，被解释变量的空间自回归系数 ρ 和误差项的空间自回归系数 λ 在不同的经济距离空间权重矩阵下都通过了显著性检验，说明了被解释变量和空间误差项确实存在显著的空间溢出效应。进一步从模型总体的拟合优度看，SDM 模型的总体拟合优度（0.7815 和 0.7855）要显著高于 SEM 的拟合优度（0.7360 和 0.7338）。核心解释变量，地区出口异质性变量对地区出口工资溢价的影响以及地区出口异质性变量与国外市场潜能交互项对地区出口工资溢价的影响基本与表 7-7 保持一致，这也进一步表明扩展模型的回归结果是稳健的。

表 7 – 9　　　　　　　　　　不同空间权重矩阵估计结果

解释变量	SDM		SEM	
	经济距离	经济距离	经济距离	经济距离
disqm	0.5366 *** (0.2082)	0.5217 ** (0.2204)	0.5795 *** (0.1943)	0.5665 *** (0.2003)
dispm	0.5296 ** (0.2085)	0.5168 ** (0.2208)	0.5780 *** (0.1946)	0.5674 *** (0.2006)
disvm	− 0.3841 (0.3235)	− 0.2549 (0.2969)	− 0.0534 (0.2536)	− 0.0101 (0.2243)
dismm	− 0.5340 ** (0.2153)	− 0.5948 *** (0.1914)	− 0.3551 * (0.2132)	− 0.3404 * (0.2015)
extensive	0.0608 (0.0481)	0.0424 (0.0447)	0.0841 ** (0.0368)	0.0608 (0.0407)
lndisdva	0.4628 *** (0.0920)	0.4131 *** (0.0910)	0.4621 *** (0.0822)	0.4326 *** (0.0624)
lndisdva^2	− 0.0080 ** (0.0036)	− 0.0070 ** (0.0034)	− 0.0099 *** (0.0033)	− 0.0093 *** (0.0029)
lndmp	0.8999 *** (0.2360)	1.1604 *** (0.3081)	1.0468 *** (0.2210)	1.1912 *** (0.2202)
fdi	− 0.0080 (9.0447)	− 0.0086 (0.0477)	0.0145 (0.0531)	0.0100 (0.0508)
lncapital	0.1449 (0.1718)	0.1426 (0.1648)	0.0578 (0.1533)	0.0120 (0.1505)
disqm × lnfmp	− 1.9070 ** (0.8659)	− 1.9339 ** (0.7967)	− 2.0225 ** (0.8368)	− 1.9943 ** (0.8309)
dispm × lnfmp	− 1.8754 ** (0.8660)	− 1.9103 ** (0.7960)	− 2.0148 ** (0.8384)	− 1.9978 ** (0.8332)
disvm × lnfmp	2.6275 (2.0974)	1.7874 (1.9485)	0.3990 (1.6687)	0.1847 (1.4496)
dismm × lnfmp	2.2479 (1.4332)	2.6974 ** (1.3027)	1.2134 (1.4379)	1.1531 (1.3999)
extensive × lnfmp	− 0.3249 (0.2409)	− 0.2295 (0.2249)	− 0.4403 ** (0.1837)	− 0.3207 (0.2048)

续表

解释变量	SDM		SEM	
	经济距离	经济距离	经济距离	经济距离
lndisdva × lnfmp	− 1. 0609 ** (0. 4236)	− 0. 8707 ** (0. 3892)	− 0. 8189 ** (0. 3736)	− 0. 7222 ** (0. 3094)
W × disqm	− 8. 5099 (22. 8696)	− 7. 8798 (26. 3774)		
W × dispm	− 9. 9024 (23. 0235)	− 9. 0590 (26. 5533)		
W × disvm	− 177. 2704 *** (60. 9717)	− 145. 7858 ** (65. 3686)		
W × dismm	− 69. 6323 * (38. 6278)	− 82. 3721 * (42. 6225)		
W × extensive	− 4. 5366 (6. 7046)	− 2. 5119 (6. 1766)		
W × lndisdva	− 8. 2198 (7. 1200)	− 9. 7047 (7. 9750)		
W × lndisdva^2	0. 6315 *** (0. 2382)	0. 5902 * (0. 3314)		
W × lndmp	− 29. 5008 ** (13. 1982)	− 33. 5722 ** (13. 9435)		
W × fdi	− 0. 5812 (12. 0406)	− 11. 1675 (14. 1608)		
W × lncapital	20. 3746 ** (8. 4658)	14. 6210 (9. 1598)		
W × (disqm × lnfmp)	27. 6250 (104. 8335)	26. 3440 (114. 9899)		
W × (dispm × lnfmp)	33. 2806 (105. 4344)	31. 4887 (115. 7402)		
W × (disvm × lnfmp)	1102. 685 *** (399. 882)	878. 5109 ** (432. 1056)		
W × (dismm × lnfmp)	290. 6772 (209. 7588)	351. 4742 (228. 8546)		

续表

解释变量	SDM		SEM	
	经济距离	经济距离	经济距离	经济距离
W × (extensive × lnfmp)	21.2602 (33.4939)	11.3256 (31.0616)		
W × (lndisdva × lnfmp)	-41.8984 (35.6395)	-29.8230 (34.1961)		
ρ	4.7426* (2.8321)	6.0052* (3.0047)	12.0079*** (2.9589)	15.90909*** (2.762575)
R-squared	0.7815	0.7855	0.7360	0.7338
Log-L	-141.8662	-139.1290	-162.8819	-158.0032

注：估计系数下方括号中数据对应估计系数的标准差，***、** 和 * 分别代表 1%、5% 和 10% 的显著性水平。

第四节　本 章 小 结

本章基于出口工资溢价宏观理论分析框架，采用 2000~2013 年中国工业企业数据库和中国海关进出口贸易数据库每年的匹配数据，实证分析了地区出口工资溢价的影响因素。首先，利用中国工业企业数据库和中国海关进出口贸易数据库每年的匹配数据测算了地区出口贸易边际，即价格边际、数量边际、产品种类边际、出口市场边际和扩展边际。其次，由企业层面的出口国内增加值直接加权得到地区整体的出口国内增加值，权重为企业出口额。最后，实证研究了新经济地理因素变量，即国内市场潜能和国外市场潜能是否对各省份劳动者的工资水平产生影响以及如何影响。同时，本书重点考察了两类地区出口异质性变量（地区出口贸易边际和出口国内增加值）及其与国外市场潜能的交互项对地区工资水平的影响，得到如下四个结论。

结论一：地区出口增长五元边际、出口国内增加值均对地区出口工资溢价有显著影响。研究结果表明，地区价格边际和数量边际对地区出口工资溢价有显著的正向影响，地区出口市场边际对地区出口工资溢价有显著的负向影响。其中，出口市场边际对地区出口工资溢价的负向影响程度较大，价格边际对地区出口工资溢价的正向影响程度次之，数量边际的正向影响程度较小，而产品种类边际和扩展边际对地区出口工资溢价并未产生显著影响。研究结果显示，地区出口国内增加值与地区出口工资水平间存在明显的倒"U"型关系，即当地区出口国内增加值较低时，随着出口国内增加值的提高，地区工资水平也相应地提高。然而，当地区出口国内增加值达到一定的临界水平之后，地区出口国内增加值的提高反而降低了该地区工人的工资水平。

结论二：两类新经济地理因素变量显著影响该地区的出口工资溢价。研究结果表明，国内市场潜能对地区工资水平有显著正向影响，而国外市场潜能对地区工资水平有显著负向影响。具体而言，距离海外市场越近的地区，其产品运到海外市场的运输成本越低，海外市场潜能越大，但工资水平反而越低；国内市场潜能越大的地区，其劳动者可以获得更高的收入水平。然而，地区国内市场潜能对周边地区工资水平的影响却显著为负，这说明地区市场潜能越大，周边地区工资水平反而越低。

结论三：地区出口贸易边际、出口国内增加值与国外市场潜能的交互项对地区出口工资溢价有显著影响。研究结果表明，地区产品种类边际和扩展边际对地区工资水平的影响不会受到该地区距离海外市场远近的影响。而地区价格边际、数量边际、出口市场边际和出口国内增加值对地区工资水平的影响与该地区距离海外市场远近有关。相同幅度价格边际、数量边际或出口国内增加值的提升，对那些距离海外市场越近的地区，其工资水平提升的抑制作用越强；而距离海外市场越远的地区，其工资水平提升的损害越弱。相同幅度出口市场边际的提升，对那些距离海外市场越近的地区，其工资水平提升得越多；而距离海外市场越远的地区，其工资水平提升得越少。

结论四：地区出口增长五元边际和地区出口国内增加值存在显著的空间溢出效应。地区产品种类边际和扩展边际对周边地区工资水平的提升有显著的负效应，而地区价格边际、数量边际和地区出口市场边际对周边地区工资水平的提升并未产生显著影响。地区出口国内增加值与本地区工资水平间存在倒"U"型关系，而与周边地区工资水平间却存在显著的"U"型关系。另外，地区产品种类边际与国外市场潜能交互项、地区扩展边际与国外市场潜能交互项对周边地区工资水平的提升有积极影响。而地区价格边际与国外市场潜能交互项、地区数量边际与国外市场潜能交互项、地区出口市场边际与国外市场潜能交互项以及地区出口国内增加值与国外市场潜能交互项对周边地区工资水平的提升均未产生显著影响。

第八章

结论、政策与展望

本书在理论上界定了贸易边际的内涵，提出了企业出口增长四元边际和地区出口增长五元边际的分解方法，在对企业出口国内增加值测算方法进行改进的基础上，提出了地区出口国内增加值的测算方法。本书基于全球价值链嵌入视角，将出口贸易边际和出口国内增加值纳入出口工资溢价理论模型中，重点探讨了出口贸易边际和出口国内增加值对出口工资溢价的影响机理；将国内市场潜能和国外市场潜能纳入出口工资溢价理论模型中，构建了地区出口工资溢价理论模型。在此基础上，对中国工业企业出口增长的四元边际和地区出口增长的五元边际进行统计测算，对中国工业企业出口国内增加值和地区出口国内增加值进行测算。本书提出研究假设，采用系统 GMM 估计方法，对企业出口工资水平的影响因素进行实证检验；利用空间计量方法，对地区出口工资水平的影响因素进行实证检验，得出了具有启发意义的研究结论。

本章在理论研究和实证分析基础上，总结全书的研究结论：从微观企业层面和宏观地区层面，提出合理提升出口企业工人工资水平，缩小出口企业之间工资不平等的政策建议，为政府部门制定科学合理的收入分配政策提供参考依据，并对未来的研究方向进行展望。

第一节　主要结论与政策建议

一、主要结论

本书在理论分析基础上，对中国工业企业出口增长的四元边际和地区出口增长的五元边际进行了统计测算，对企业出口工资溢价和地区出口工资溢价的影响因素进行了计量检验，得到以下主要研究结论。

结论一：企业出口增长四元边际、出口国内增加值的测算结果在不同企业之间存在一定差异。总体而言，大部分年份企业价格边际、数量边际、产品种类边际和出口市场边际均为正数，说明企业通过价格提升、数量扩张、新产品研发和出口市场开拓带来了出口的增长；企业出口国内增加值呈逐年上升趋势。其中，民营企业在产品创新和市场开拓方面具有明显的优势，其种类边际和出口市场边际都远远高于国有企业和外资企业；外资企业由于拥有先进的技术和设备，其出口产品的质量边际和出口国内增加值最高；而国有企业创新研发能力和技术水平都相对较弱，其质量边际最小。大部分年份中部地区企业的出口市场边际高于东部与西部地区企业；不管东部地区、西部地区还是中部地区，企业出口国内增加值总体上都呈现上升趋势，且大部分年份东部地区的出口国内增加值最高。

结论二：企业出口增长四元边际、出口国内增加值均对企业出口工资溢价有显著影响。研究结果表明，数量边际和产品种类边际对企业出口工资溢价有显著的正向影响，而出口市场边际对企业出口工资水平有显著的负向影响。这也说明了企业的出口市场并非越多元化越好，而是应专注于特定的出口市场，并将其做大做精，以提升企业在这些特定出口市场上的数量边际和产品种类边际，从而提高出口企业工人的工资水平。同时，研究结果表明企业出口国内增加值对企业出口工资溢价有显著的正向影响，即企业出口产品附加值越高，意味着企业在全球价值链中能获取的真实利益也越多，因此，支付给工人的工资水平也越高。此外，在高收入组与中低收入组、加工贸易与一般贸易、出口中间产品与最终产品、劳动力要素密集型与资本要素密集型之间，企业出口增长的四元边际、出口国内增加值对企业工人工资水平的影响存在一定的差异。

结论三：地区出口增长的五元边际、出口国内增加值均对地区出口工资溢价有显著影响。研究结果表明，地区价格边际和数量边际对地区出口工资溢价有显著的正向影响，地区出口市场边际对地区出口工资溢价有显著的负向影响。其中，出口市场边际对地区出口工资溢价的负向影响程度较大，价格边际对地区出口工资溢价的正向影响程度次之，数量边际的正向影响程度较小，而产品种类边际和扩展边际对地区出口工资溢价并未产生显著影响。研究结果显示，地区出口国内增加值与地区工资水平间存在明显的倒"U"型关系，即当地区出口国内增加值较低时，随着出口国内增加值的提高，地区工资水平也相应地提高。然而，当地区出口国内增加值达到一定的临界水平之后，地区出口国内增加值的提高反而降低了该地区工人的工资水平。

结论四：两类新经济地理因素变量对该地区出口工资溢价均有显著作用。其中，国内市场潜能对地区出口工资溢价有显著正向影响，而国外市场潜能对地区出口工资溢价却有显著的抑制作用。另外，两类地区出口异质性变量与国外市场潜能的交互作用会对该地区工资水平产生影响，其中地区价格边际、数量边际、出口市场边际和出口国内增加值对地区出口工资溢价的影响与该地区距离海外市场远近有关。而地区产品种类边际和扩展边际对地区出口工资溢价的影响不会受到该地区距离海外市场远近的影响。

二、政策建议

党的十九大报告指出"坚持在经济增长的同时实现居民收入同步增长、在劳动生产率提高的同时实现劳动报酬同步提高"。可见，提高居民的收入水平，缩小收入差距是社会发展的必然要求。在当前中国收入不平等问题依然存在，基尼系数居高不下的背景下，本书基于理论研究与实证分析给出了促使中国出口企业工人工资水平提升、出口企业间工资差距缩小的政策建议。具体而言，本书分别从企业层面和政府层面给出如下建议。

（一）企业层面

1. 出口企业应当加大研发投入，增强自身的产品创新能力，以提升企业出口增长的产品种类边际

本书实证分析结果表明，产品种类边际对出口企业工人工资水平的提升有显著的正向影响。企业原有出口市场上出口产品种类扩张得越快，意味着企业的产品研发投入力度越大，而企业也可以凭借差异化的创新产品获取更多的市场利润，因此支付给工人的工资水平也相应更高。出口企业提升产品创新能力，可以从三个层面切入：（1）加强创新人才的培养。出口企业应加大人力资本的投入，通过定期组织员工进行学习和参加专门的技能培训等途径，建设一支高素质、高技术的人才队伍。（2）健全创新人才激励机制。通过绩效考核机制奖励企业员工创新，提高员工的创新回报率。对有突出贡献的个人和优秀的科技成果，要大力给予物质和精神上的奖励，以激励员工勇于创新。（3）改进人才考核办法，完善人才评价机制。将员工的创新能力和创新意识作为人才选拔的重要标准，把勇于探索，具有开拓创新精神的人才选拔到重要的岗位，加以重用，充分发挥他们的聪明才智，以此推动整个企业核心创新能力的提高。

2. 企业应专注于特定的出口市场，并将其做大做精，以提升企业在特定出口市场的数量边际

本书实证分析结果表明，企业出口市场边际与出口工资溢价间存在反向关系，而数量边际能显著提高出口企业工人的工资水平。事实上，由于企业进入每一个出口市场都存在一定的固定沉没成本，而新的贸易关系往往不稳定，出口额所占比重较小（Besedes and Prusa，2011），因此企业出口市场扩张带来的出口量增长往往比较小，难以弥补其巨大的出口固定沉没成本，导致企业利润反而下降，企业为降低成本，可能会相应降低工人的工资水平。因此，在贸易自由化背景下，企业的出口市场并非越多元化越好，而是应该专注于特定的出口市场，并不断调整产品种类、调整营销策略以符合当地市场的需求，将这些特定出口市场做大做精，以提升企业在这些特定出口市场上的数量边际。

3. 出口企业应提升出口产品附加值，攀升全球价值链

实证研究结果表明，出口国内增加值的提高能显著提升出口企业工人的工资水平。对于中国的出口导向型企业而言，出口国内附加值的提升比单纯出口规模的扩张更有意义。事实上，在"世界制造"的时代，传统贸易总量统计方法并不能真实反映企业的价值创造和员工的福利增加，只有出口国内增加值才是纯粹由企业自身创造的价值，而这部分也恰恰是企业真正的贸易利得。出口企业要提升出口产品附加值，向全球价值链中高端攀升，可以从两方面入手：一方面，要实施纵向一体化战略，严控原材料质量，通过工艺流程升级和产品升级，提升产品质量来增加产品附加值，抵御来自劳动力更低的新兴国家企业的竞争。另一方面，要利用原有的知识和技术积累，走自主研发道路，在新价值链上嵌入原料供应、研发设计、生产制造和品牌服务等环节，不断实现向价值链上游的延伸。

（二）政府层面

1. 积极参与区域贸易规则的建设和全球经济合作，降低出口固定成本

本书实证分析结果表明，企业在新的出口市场上的销量相对比较低，不足以弥补其巨额的出口沉没成本，因此，地区出口市场边际越大，该地区工人工资水平反而越低。因此，政府贸易政策的制定应更多着眼于降低出口市场进入成本。一方面，中国应积极融入多边贸易体系和完善双边贸易合作关系，注重内部的制度改革以获取贸易伙伴的对等让步。如中国可以借助"一带一路"倡议，与沿线国家签订相应的双边或多边贸易协定，降低企业出口面临的固定贸易成本，为企业产品出口创造优越的制度环境。另一方面，国内基础设施的完善和贸易行政审批手续的规范与简化，也会降低企业出口所面临的贸易成本，短期内增强企业的出口竞争力，提高企业开拓海外市场的积极性，从而促进中国出口的持续稳定发展。

2. 提升中国出口国内增加值，突破价值链"低端锁定"

2017 年政府工作报告中明确指出政府工作重点是培育出一批进入全球价值链中高端环节的核心产业，跻身创新型国家前列，并最终建成世界科技创新强国。本书的实证分析结果表明，地区出口国内增加值与地区工资水平间存在明显的倒"U"型关系。目前，中国总体仍处于全球价值链分工的中低端，在全球价值链分工体系中与发达国家相比尚存在一定的差距（戴翔，2016）。由此可见，中国现阶段出口国内增加值较低，尚处于倒"U"型曲线的左端，因此，地区出口国内增加值的提高能显著提升该地区的工资水平。在当前全球价值链重构背景下，突破价值链"低端锁定"，攀升全球价值链可以从以下方面入手，各级地方政府可以采取不同的对外贸易策略，分别承接生产链的不同环节，发挥各自的比较优势。具体而言，贸易开放程度较高和经济较发达的沿海地区可以承担设计、研发、营销等价值链高端部分，而欠发达的内陆地区则可以利用原本的要素成本优势，发展劳动密集型生产环节，并逐步向生产链高端攀升。

3. 鼓励企业自主创新，加快培育高新技术产业，以提升中国出口增长的质量边际

为了进一步激励企业加大研发投入，支持科技创新，2018 年财政部、国家税务总局和科技部联合发文，将原来的企业研发费用税前加计扣除比例由 50% 提高到 75%。要鼓励民营企业加大自主创新投入，具体可以从以下两个层面入手：从国家层面而言，要加大技术研发扶持政策的执行力度。财政、科技部门虽已广泛宣传技术开发费税前扣除政策，但企业由于受到各种因素影响，执行起来比较困难，导致大部分企业享受不到这项优惠政策。因此，必须要加大相关扶持政策的执行力度。从地区层面而言，各地区可以因地制宜，根据本地区的实际情况出台一些配套的政策，以激励企业加大研发投入。例如，2019 年 6 月 10 日，广西发布了《广西壮族自治区激励企业加大研发经费投入财政奖补实施办法》（以下简称《实施办法》）。该《实施办法》规定，奖补对象是享受了研发费用税前加计扣除政策优惠的企业，采取后补助的方式加以奖补。财政奖补包括增量奖补和特别奖补。该政策特别考虑高新技术企业、瞪羚企业和科技型企业的研发积极性，通过降低申报门槛及与其他相关政策的协同，鼓励中小企业积极开展研发活动，培育和储备一批创新型企业，提高财政资金的引导效力。

第二节 研究不足与研究展望

一、研究不足

本书将两类出口异质性变量纳入出口工资溢价理论模型中，构建了出口工资溢价微观和宏观理论分析框架。在此基础上从企业层面和区域层面分析了出口工资溢价的影响因素，对出口工资溢价问题展开了初步的研究，也为后续的相关研究提供了参考。但是，本书也存在一定的局限性，未来还需要进一步完善，具体而言：

一是地区层面出口国内增加值的测度方法有待进一步探讨。由于缺乏详细的地区层面贸易数据，本书采取了简化处理，由企业层面出口国内增加值加权得到地区层面出口国内增加值，权重为企业出口额。显然，该测算方法过于简单，并不能十分客观和准确地反映地区的出口国内增加值。未来随着地区层面贸易数据的进一步开放，直接测算地区的出口国内增加值对地区出口工资溢价的影响，值得进一步探讨。

二是贸易边际、出口国内增加值对地区出口工资溢价的影响机理有待进一步完善。在构建地区出口工资溢价理论分析框架时，为了简化处理，假设地区只存在一个代表性企业，因此理论模型并没有涉及企业数量，也并未考虑出口企业进入和退出对地区出口工资溢价的影响，从而无法揭示扩展边际（地区出口企业进入和退出引起的出口增长）对地区出口工资溢价的影响机理，这也是本书的不足之处。

三是实证研究结果具有一定的局限性，仅反映贸易边际、出口国内增加值对规模以上出口企业工资溢价的影响。本书采用2000～2013年中国工业企业数据库和中国海关进出口贸易数据库的匹配数据进行实证分析。由于中国工业企业数据库只包括规模以上企业，因此，本书研究结果仅仅反映的是出口增长四元边际、出口国内增加值对规模以上出口企业工资溢价的影响，以及地区出口增长五元边际、出口国内增加值对地区规模以上出口企业平均工资水平的影响，无法揭示贸易边际、出口国内增加值对规模较小的出口企业工资溢价的影响，导致研究结论具有一定的局限性。

二、研究展望

一是实证检验员工技能差异对出口企业工资溢价的影响是本书未来需要突破的一个关键问题。由于缺乏详细的员工—企业匹配数据，本书难以反映出口企业间由于员工技能差异造成的工资差距，更无法反映企业内高低技能群体间的工资差距。随着未来高质量员工—企业匹配数据的出现，同时考察员工技能差异对出口企业间工资差距和企业内技能群体间工资差距的影响，将是未来研究中需要解决的重要问题。

二是探讨贸易边际、出口国内增加值对行业出口工资溢价的作用机制，并进行实证检验。本书分别从企业层面和区域层面探讨了贸易边际、出口国内增加值对出口工资溢价的作用机制，并进行了实证检验。然而，出口增长路径的不同以及出口产品附加值的高低是否会对不同行业工资溢价产生不同影响，其背后的作用机制又是什么，这将是未来研究中需要解决的另一重要问题。

参 考 文 献

[1] 艾洪山，张亚斌，亓朋．外商直接投资、国际贸易与工资溢出——基于微观企业层面的实证分析 [J]．经济评论，2010（2）：100 - 109.

[2] 北京大学中国经济研究中心课题组．中国出口贸易中的垂直专门化与中美贸易 [J]．世界经济，2006（5）：3 - 11.

[3] 包群，邵敏．出口贸易与我国的工资增长：一个经验分析 [J]．管理世界，2010（9）：55 - 66.

[4] 包群，邵敏，侯维忠．出口改善了员工收入吗？[J]．经济研究，2011（9）：41 - 54.

[5] 陈继勇，王保双，蒋艳萍．企业异质性、出口国内附加值与企业工资水平——来自中国的经验证据 [J]．国际贸易问题，2016（8）：74 - 84.

[6] 陈勇兵，陈宇媚，周世民．贸易成本、企业出口动态与出口增长的二元边际——基于中国出口企业微观数据：2000 - 2005 [J]．经济学（季刊），2012，11（4）：1477 - 1502.

[7] 程中华，于斌斌．产业集聚与地区工资差距——基于中国城市数据的空间计量分析 [J]．当代经济科学，2014，36（6）：86 - 94.

[8] 陈晓玲，李国平．我国地区经济收敛的空间面板数据模型分析 [J]．经济科学，2006（5）：6 - 18.

[9] 陈强．高级计量经济学及 Stata 应用 [M]．第 2 版，北京：高等教育出版社，2014：252 - 253.

[10] 戴翔．中国攀升全球价值链：实现机制与战略调整 [M]．北京：人民出版社，2016.

[11] 邓军，王丽娟．贸易自由化，中间产品贸易与工资——基于中国微观企业数据的经验研究 [J]．当代财经，2020（7）：100 - 111.

[12] 黄静波，刘淑琳．出口企业员工收入增长更快？——基于倾向得分匹配的实证分析 [J]．财贸研究，2013（6）：62 - 69.

[13] 黄先海，韦畅．中国制造业出口垂直专业化程度的测度与分析 [J]．管理世界，2007（4）.

[14] 胡昭玲，李红阳. 参与全球价值链对我国工资差距的影响——基于分工位置角度的分析 [J]. 财经论丛（浙江财经大学学报），2016，203（1）：11 - 18.

[15] 蒋雨桥，岑杰. 国际贸易对中国制造业工资差距的影响研究——SS 定理的实证 [J]. 江西社会科学，2016（11）：94 - 100.

[16] 李春顶. 出口与企业生产率——基于中国制造业 969 家上市公司数据的检验 [J]. 经济经纬，2009（4）：43 - 46.

[17] 刘灿雷，王永进. 出口扩张与企业间工资差距：影响与机制 [J]. 世界经济，2019（12）：99 - 120.

[18] 刘盾. 中国的经济增长属于"利润拉动"还是"工资拉动"？——再测功能性收入分配对我国需求增长与结构的影响 [J]. 南开经济研究，2020，000（001）：70 - 95.

[19] 刘慧. 出口对中国制造业工资差距的影响研究——基于要素密集度和所有制异质性视角的 S - S 定理检验 [J]. 浙江理工大学学报（社会科学版），2015（2）：102 - 108.

[20] 李静，彭飞. 出口企业存在工资红利吗？——基于 1998 - 2007 年中国工业企业微观数据的经验研究 [J]. 数量经济技术经济研究，2012，029（012）：20 - 37.

[21] 李婧，谭清美，白俊红. 中国区域创新生产的空间计量分析——基于静态与动态空间面板模型的实证研究 [J]. 管理世界，2010（7）：43 - 55.

[22] 刘海洋，孔祥贞. 出口贸易提高了出口企业工资水平吗？——基于 1999 - 2007 年我国企业微观数据的实证分析 [J]. 西部论坛，2012（7）：62 - 69.

[23] 刘修岩，贺小海，殷醒民. 市场潜能与地区工资差距：基于中国地级面板数据的实证研究 [J]. 管理世界，2007，000（009）：48 - 55.

[24] 洪静，陈飞翔，吕冰. CAFTA 框架下中国参与全球价值链的演变趋势——基于出口国内附加值的分析 [J]. 国际贸易问题，2017（6）：120 - 130.

[25] 林秀梅，唐乐. 全球生产网络下出口贸易价值含量的国际比较——基于金砖国家国际投入产出模型 [J]. 国际经贸探索，2015，31（10）：39 - 51.

[26] 林光平，龙志和，吴梅. 我国地区经济收敛的空间计量实证分析：1978 - 2002 年 [J]. 经济学（季刊），2005（10）：67 - 82.

[27] 林毅夫, 刘明兴, 章奇. 政策性负担与企业的预算软约束: 来自中国的实证研究 [J]. 管理世界, 2004 (8): 87 – 95, 133, 162.

[28] 李磊, 刘斌, 丁勇. 全球价值链参与对企业工资的影响研究 [J]. 中南财经政法大学学报, 2017 (3): 97 – 105.

[29] 廖涵, 谢靖, 范斐. 基于出口增加值的中国制造业比较优势研究 [J]. 宏观经济研究, 2016 (10): 63 – 74, 111.

[30] 李昕. 贸易总额与贸易差额的增加值统计研究 [J]. 统计研究, 2012, 29 (10): 15 – 22.

[31] 吕越, 陈帅, 盛斌. 嵌入全球价值链会导致中国制造的 "低端锁定" 吗? [J]. 管理世界, 2018 (8): 11 – 29.

[32] 吕越, 吕文龙, 莫伟达. 中国企业嵌入全球价值链的就业效应——基于 PSM-DID 和 GPS 方法的经验证据 [J]. 财经研究, 2018 (2): 5 – 17.

[33] 吕越, 罗伟, 刘斌. 异质性企业与全球价值链嵌入: 基于效率和融资的视角 [J]. 世界经济, 2015, 038 (008): 29 – 55.

[34] 刘似臣, 张诗琪. 中美制造业出口国内增加值比较研究——基于扩展的 KWW 方法 [J]. 经济问题, 2018, 466 (6): 123 – 129.

[35] 李坤望. 改革开放三十年来中国对外贸易发展评述 [J]. 经济社会体制比较, 2008, 000 (004): 35 – 40.

[36] 吕双双. 我国制造业企业出口对工资水平的影响 [D]. 上海: 复旦大学, 2014.

[37] 刘瑶, 丁妍. 中国 ICT 产品的出口增长是否实现了以质取胜——基于三元分解及引力模型的实证研究 [J]. 中国工业经济, 2015 (1): 52 – 64.

[38] 刘瑶. 参与全球价值链拉大了收入差距吗——基于跨国跨行业的面板分析 [J]. 国际贸易问题, 2016 (4): 27 – 39.

[39] 莫旋, 肖黎. 出口企业支付了更高的职工工资吗? [J]. 首都经济贸易大学学报, 2016, 18 (3): 76 – 84.

[40] 马述忠, 王笑笑. 出口与异质性对中国企业工资差异的影响: 基于 HIR 模型的理论拓展及实证分析 [J]. 国际贸易问题, 2015 (11): 15 – 26.

[41] 马述忠, 许光建. 出口制造业服务化与实际工资水平 [J]. 浙江大学学报 (人文社会科学版), 2019 (1): 93 – 108.

[42] 马丹, 许建华, 史代敏. 贸易增加值分解新框架下出口增加值的测算与影响分析 [J]. 统计与信息论坛, 2020 (4): 3 – 14.

［43］潘文卿，陈佳楹．贸易政策对中国区域工资变动的影响：基于关税与汇率的视角［J］．经济学报，2019，000（002）：70-98．

［44］钱学锋，王胜，陈勇兵．中国的多产品出口企业及其产品范围：事实与解释［J］．管理世界，2013（1）：9-27．

［45］钱学锋，熊平．中国出口增长的二元边际及其因素决定［J］．经济研究，2010（1）：65-79．

［46］曲兆鹏，范言慧．对外开放扩大还是缩小了中国的工资不平等？——来自中国省级面板数据的证据［J］．世界经济研究，2012（3）：3-9．

［47］任博秋．企业创新异质性与我国出口增长模式的关系研究［D］．泉州：华侨大学，2016．

［48］施炳展．中国出口增长的三元边际［J］．经济学（季刊），2010，9（4）：1311-1330．

［49］孙敬水，丁宁．企业异质性，出口对工资溢价的影响——基于中国工业企业微观数据的经验证据［J］．经济理论与经济管理，2019，341（5）：35-49．

［50］史青．企业出口对员工工资影响的再分析——基于广义倾向得分法的经验研究［J］．数量经济技术经济研究，2013（3）：3-21．

［51］邵敏．我国企业出口对员工收入的影响——基于企业异质性视角的经验研究［J］．中国工业经济，2011（9）：67-77．

［52］沈丽，鲍建慧．中国金融发展的分布动态演进：1978-2008年——基于非参数估计方法的实证研究［J］．数量经济技术经济研究，2013（5）：33-47．

［53］单豪杰．中国资本存量K的再估算：1952-2006年［J］．数量经济技术经济研究，2008（10）：17-31．

［54］史青，赵跃叶．中国嵌入全球价值链的就业效应［J］．国际贸易问题，2020：94-108．

［55］汤二子，孙振．基于S-S定理探析企业出口对其工资的影响［J］．国际经贸探索，2012（9）：36-46．

［56］唐宜红，林发勤．异质性企业贸易模型对中国企业出口的适用性检验［J］．南开经济研究，2009（6）：88-99．

［57］童伟伟，张建民．中国对美出口的国内外价值含量分解研究［J］．国际贸易问题，2013（5）：55-66．

［58］谭语嫣，谭之博，黄益平，等．僵尸企业的投资挤出效应：基

于中国工业企业的证据 [J]. 经济研究, 2017 (5): 177 - 190.

[59] 唐礼智, 朱建锋, 罗婧. 宏观调控视角下房地产价格影响因素的新测度 [J]. 经济问题探索, 2014 (1): 106 - 111.

[60] 翁杰. 国际贸易、租金分享和工资水平——基于浙江制造业的实证研究 [J]. 国际贸易问题, 2008 (11): 58 - 67.

[61] 魏浩, 李晓庆. 进口投入品与中国企业的就业变动 [J]. 统计研究, 2018, 035 (001): 43 - 52.

[62] 吴晓怡, 邵军, 安梦丹. 中国制造业企业参与全球价值链能提高工资水平吗 [J]. 国际经贸探索, 2019, 035 (003): 18 - 36.

[63] 王铂. 国际贸易对中国工人工资的影响研究——基于工业部门的面板数据分析 [J]. 经济问题, 2010 (6): 33 - 35.

[64] 王万珺, 刘小玄. 为什么僵尸企业能够长期生存 [J]. 中国工业经济, 2018, 367 (10): 63 - 81.

[65] 王万珺, 沈坤荣, 叶林祥. 工资、生产效率与企业出口——基于单位劳动力成本的分析 [J]. 财经研究, 2015, 41 (7): 121 - 131.

[66] 吴云霞, 蒋庚华. 全球价值链位置对中国行业内劳动者就业工资报酬差距的影响——基于 WIOD 数据库的实证研究 [J]. 国际贸易问题, 2018.

[67] 卫瑞, 张少军. 中间品出口对中国就业结构的影响——基于技能、来源地和部门视角的分析 [J]. 财经研究, 2014, 040 (011): 133 - 144.

[68] 王文元. 新编会计大辞典 [M]. 沈阳: 辽宁人民出版社, 1991.

[69] 王开科, 曾五一, 王开泳. 中国省域城镇工资水平的区域分异机制与空间效应 [J]. 地理研究, 2013, 032 (011): 2107 - 2120.

[70] 王雪辉, 谷国锋, 王建康. 产业集聚、空间溢出效应与地区工资差距——基于 285 个地级市的面板数据 [J]. 云南财经大学学报, 2016 (4): 54 - 63.

[71] 徐久香, 方齐云. 基于非竞争型投入产出表的我国出口增加值核算 [J]. 国际贸易问题, 2013 (11): 34 - 44.

[72] 徐国庆, 黄繁华, 蒋佩晔. 价值链贸易背景下中国制造业工资差距影响因素研究 [J]. 世界经济研究, 2018 (10): 65 - 77, 136.

[73] 谢申祥, 陆毅, 蔡熙乾. 开放经济体系中劳动者的工资议价能力 [J]. 中国社会科学, 2019, 281 (5): 41 - 60, 206 - 207.

[74] 谢申祥, 刘培德, 王孝松. 价格竞争、战略性贸易政策调整与企业出口模式选择 [J]. 经济研究, 2018, 53 (10): 127 - 141.

[75] 颜银根. 贸易自由化、产业规模与地区工资差距 [J]. 世界经济研究, 2012 (8)：28 - 36.

[76] 于洪霞, 陈玉宇. 外贸出口影响工资水平的机制探析 [J]. 管理世界, 2010 (10)：47 - 58.

[77] 杨志群, 余玲铮. S - S 定理在中国适用吗？——基于省际面板数据的计量检验 [J]. 中国物价, 2012 (8)：61 - 63.

[78] 易靖韬. 企业异质性、市场进入成本、技术溢出效应与出口参与决定 [J]. 经济研究, 2009 (9)：106 - 115.

[79] 杨汝岱. 中国制造业企业全要素生产率研究 [J]. 经济研究, 2015 (2)：61 - 74.

[80] 姚鹏, 孙久文. 贸易开放、人力资本与中国区域收入空间效应——基于地级及以上行政区域经验数据分析 [J]. 经济理论与经济管理, 2015 (2)：101 - 112.

[81] 赵春燕, 黄汉民. 出口工资溢价：自我选择效应还是出口学习效应？——基于企业异质性视角的经验研究 [J]. 国际贸易问题, 2013 (9)：111 - 119.

[82] 赵伟, 赵金亮, 韩媛媛. 异质性、沉没成本与中国企业出口决定：来自中国微观企业的经验证据 [J]. 世界经济, 2011 (4)：62 - 79.

[83] 钟建军. 中国高技术产品出口真的超过日本了吗——基于三元边际分解的实证分析 [J]. 国际贸易问题, 2016 (11)：86 - 96.

[84] 赵磊. 金融发展对出口增长的影响——基于"新新贸易理论"的三元边际分析 [D]. 天津：南开大学经济学院, 2011.

[85] 张杰, 陈志远, 刘元春. 中国出口国内附加值的测算与变化机制 [J]. 经济研究, 2013 (10)：124 - 137.

[86] 郑丹青, 于津平. 外资进入与企业出口贸易增加值——基于中国微观企业异质性视角 [J]. 国际贸易问题, 2015 (12)：96 - 107.

[87] 张志明, 代鹏, 崔日明. 中国增加值出口贸易的就业效应及其影响因素研究 [J]. 数量经济技术经济研究, 2016 (5)：103 - 121.

[88] Acemoglu D, Antras P, Helpman E. Contracts and Technology Adoption [J]. American Economic Review, 2007 (97)：916 - 943.

[89] Amiti M, Freund C. China's Growing Role in World Trade：The Anatomy of China's Trade Growth [R]. World Bank Policy Research Working Paper Series, 4628 (2011)：1 - 18.

[90] Akerman, Anders, Helpman, et al. Sources of Wage Inequality

[J]. American Economic Review, 2013, 103 (3): 214 – 219.

[91] Alvarez R, López R A. Exporting and Performance: Evidence from Chilean Plants [J]. Canadian Journal of Economics, 2005, 38 (4): 1384 – 1400.

[92] Arkolakis C, Muendler M A. The Extensive Margin of Exporting Products: A Firm-Level Analysis [R]. NBER Working Paper, 16641 (2010): 1 – 149.

[93] Arnold J M, Hussinger K. Export Behavior and Firm Productivity in German Manufacturing: A Firm-Level Analysis [J]. Review of World Economics, 2005, 141 (2): 219 – 243.

[94] Arellano M, Bond S. Some Tests of Specification for Panel Data: Monte Carlo Evidence and an Application to Employment Equations [J]. Review of Economic Studies, 1991, 58 (2): 277 – 297.

[95] Acemoglu D. , Shimer R. Holdups and Efficiency with Search Frictions [J]. International Economic Review, 1999, 40 (4): 827 – 849.

[96] Ahn J. B, Khandelwal A K, Wei S. J. The Role of Intermediaries in Facilitating Trade [J]. Journal of International Economics, 2011, 84 (1): 0 – 85.

[97] Alvarez R, Claro S. The China Phenomenon: Price, Quality or Variety? [R]. Central Bank of Chile Working Papers, 411 (2007): 1 – 39.

[98] Amurgo-Pacheco A, Pierola M D. Patterns of Export Diversification in Developing Countries: Intensive and Extensive Margins [R]. HEI Working Paper, 20 (2007): 1 – 35.

[99] Baltagi B H. Econometric Analysis of Panel Data [J]. Econometric Theory, 2001 (5): 747 – 754.

[100] Baldwin R, Lopez-Gonzalez J. Supply-chain Trade: A Portrait of Global Patterns and Several Testable Hypotheses [J]. The World Economy, 2015, 38 (11): 1682 – 1721.

[101] Bernard A. B, Jensen J B. Exporters, Jobs, and Wages in U. S. Manufacturing: 1976 – 1987 [J]. Brookings Papers on Economic Activity: Microeconomics, 1995: 67 – 119.

[102] Bernard A B, Jensen J. B, Schott P K. Trade Costs, Firms and Productivity [J]. Journal of Monetary Economics, 2006, 53 (5): 917 – 937.

[103] Besedeš T, Prusa T J. The Role of Extensive and Intensive Margins and Export Growth [J]. Journal of Development Economics, 2011, 96 (2):

371 - 379.

[104] Bernard A B, Beveren I V, Vandenbussche H. Multi-Product Exporters and the Margins of Trade [J]. Japanese Economic Review, 2014, 65 (2): 142 - 157.

[105] Bernard A B, Jensen J B. Exceptional Exporter Performance: Cause, Effect, or Both? [J]. Working Papers, 1999, 47 (1): 1 - 25.

[106] Bernard A. B, Jensen J B. Why Some Firms Export [J]. Review of Economics and Statistics, 2004, 86 (2): 561 - 569.

[107] Brandt L, Biesebroeck J V, Zhang Y. Creative Accounting or Creative Destruction? Firm-level Productivity Growth in Chinese Manufacturing [J]. Journal of Development Economics, 2012, 97 (2), 339 - 351.

[108] Biesebroeck V, Johannes, Brandt, et al. WTO Accession and Performance of Chinese Manufacturing Firms [J]. The American Economic Review, 2017, 107 (9): 2784 - 2820.

[109] Breau S, Rigby R L, Is There Really an Export Wage Premium? A Case Study of Los Angeles Using Matched Employer-Employee Data [J]. International Regional Science Review, 2006, 29 (3): 297 - 310.

[110] Bustos P. The Impact of Trade Liberalization on Skill Upgrading Evidence from Argentina [R]. Working Papers, 2011.

[111] Chor D, Manova K, Yu Z. The Global Production Line Position of Chinese Firms [R]. Working Paper, https://aric.adb.org/pdf/events/aced2016/paper_zhihongyu.pdf, 2014.

[112] Chen X, Cheng L K, Fung K C, et al. Domestic Value Added and Employment Generated by Chinese Exports: A Quantitative Estimation [J]. China Economic Review, 2012, 23 (4): 850 - 864.

[113] Kraemer K L, Linden G, Dedrick J. Capturing Value in Global Networks: Apple's iPad and iPhone [R]. PCIC Working Paper, 2011.

[114] Chaney T. Distorted Gravity: The Intensive and Extensive Margins of International Trade [J]. American Economic Review, 2008, 98 (4): 1707 - 1721.

[115] Chinhee Hahn. Exporting and Performance of Plants: Evidence from Korean Manufacturing [R]. National Bureau of Economic Research, NBER Working Paper Series, 10208 (2004): 1 - 41.

[116] Dai M, Xu J. The Skill Structure of Export Wage Premium: Evidence from Chinese Matched Employer-Employee Data [J]. World Economy,

2017, 40 (5): 883 – 905.

［117］Eaton J, Kortum S, Kramarz F. Dissecting Trade: Firms, Industries and Export Destinations ［J］. American Economic Review, 2004, 94 (2): 150 – 154.

［118］Eaton J, Kortum S, Kramarz F. An Anatomy of International Trade: Evidence from French Firms ［R］. NBER Working Paper, 14610 (2008): 1 – 75.

［119］Escaith H, Inomata S. Trade Patterns and Global Value Chains in East Asia: From Trade in Goods to Trade In Tasks ［J］. Geneva: World Trade Organization, 2011.

［120］Felbermayr G J, Kohler W. Exploring the Intensive and Extensive Margins of World Trade ［J］. Review of World Economics, 2006, 142 (4): 642 – 674.

［121］Feenstra R C, Hanson G H. Productivity Measurement and The Impact of Trade and Technology on Wages: Estimates for The U. S. 1972 – 1990 ［J］. Department of Economics, 1999, 114 (3): 907 – 940.

［122］Feenstra R C, Sasahara A. The 'China Shock', Exports and U. S. Employment: A Global Input-Output Analysis ［J］. Review of International Economics, 2018, 26 (5): 1053 – 1083.

［123］Fujita M, Krugman P, Venables A J. The Spatial Economy: Cities, Regions, and International Trade ［M］. MIT Press Books, 1999.

［124］Hsieh C-T, Klenow P J. Misallocation and Manufacturing TFP in China and India ［J］. Quarterly Journal of Economics, 2009 (4): 4.

［125］Hummels D L, Ishii J, Yi K M. The Nature and Growth of Vertical Specialization in World Trade ［J］. Journal of International Economics, 2001 (54): 75 – 96.

［126］Hillberry R H, Mcdaniel C A. A Decomposition of North American Trade Growth Since NAFTA ［J］. International Economic Review, 2002 (43): 1 – 6.

［127］Head K, Mayer T. Market Potential and the Location of Japanese Investment in the European Union ［J］. Review of Economics and Stats, 2004, 86 (4): 959 – 972.

［128］Head K, Mayer T. Regional Wage and Employment Responses to Market Potential in the EU ［J］. Regional Ence & Urban Economics, 2006,

36 (5): 573 –594.

[129] Helpman E, Itskhoki O, Muendler M A, et al. Trade and Inequality: From Theory to Estimation [J]. Review of Economic Studies, 2017, 84 (1): 357 –405.

[130] Helpman E, Melitz M, Rubinstein Y. Estimating Trade Flows: Trading Partners and Trading Volumes [J]. Quarterly Journal of Economics, 2008, 123 (2): 441 –487.

[131] Hummels D, Klenow P J. The Variety and Quality of a Nation's Exports [J]. American Economic Review, 2005, 95 (3): 704 –723.

[132] Helpman E O, Itskhoki, Redding. Inequality and Unemployment in a Global Economy [J]. Econometrica, 2010, 78: 1239 –1283.

[133] Jones R W. The Structure of Simple General Equilibrium Models [J]. Journal of Political Economy, 1965, 73 (6): 557 –572.

[134] Johnson R C, Noguera G. Accounting for Intermediates: Production Sharing and Trade in Value Added [J]. Journal of International Economics, 2012, 86 (2): 224 –236.

[135] Krugman P. Increasing Returns, Monopolistic Competition, and International Trade [J]. Journal of International Economics, 1979, 9 (4): 469 –479.

[136] Krugman P. Increasing Returns and Economic Geography [J]. Journal of Political Economy, 1991, 99 (3): 483 –499.

[137] Koopman R, Powers W M, Wang Z, et al. Give Credit Where Credit is Due: Tracing Value Added in Global Production Chains [R]. NBER Working papers, 2010.

[138] Koopman R, Wang Z, Wei S J. How Much of Chinese Exports is Really Made in China? Assessing Domestic Value-Added When Processing Trade is Pervasive [R]. NBER Working Papers 14109 (2008).

[139] Koopman R, Powers W M, Wang Z, et al. Give Credit Where Credit is Due: Tracing Value Added in Global Production Chains [R]. NBER Working papers, 2010.

[140] Koopman R, Wang Z, Wei S J. Estimating Domestic Content in Exports When Processing Trade is Pervasive [J]. Journal of Development Economics, 2012, 99 (1): 179 –189.

[141] Kee H L, Tang H. Domestic Value Added in Chinese Exports

[R]. World Bank, 2012: 1 – 37.

[142] Kee H L, Tang H. Domestic Value Added in Exports: Theory and Firm Evidence from China [J]. The American Economic Review, 2016, 106 (6): 1402 – 1436.

[143] Kugler M, Verhoogen E. Prices, Plant Size, and Product Quality [J]. Review of Economic Studies, 2012, 79 (1): 307 – 339.

[144] Kehoe T J, Ruhl K J. How Important is the New Goods Margin in International Trade? [R]. Federal Reserve Bank of Minneapolis Staff Report, 324 (2003).

[145] Kancs D. Trade Growth in a Heterogeneous Firm Model: Evidence from South Eastern Europe [J]. World Economy, 2007, 30 (7): 1139 – 1169.

[146] Levinsohn J, Petrin A. Estimating Production Functions Using Inputs to Control for Unobservables [J]. Review of Economic Studies, 2003, 70 (2): 113 – 123.

[147] Lawless M. Deconstructing Gravity: Trade Costs and Extensive and Intensive Margins [J]. Canadian Journal of Economics, 2010, 43 (4): 1149 – 1172.

[148] Lundin N, Yun L. International Trade and Inter-Industry Wage Structure in Swedish Manufacturing: Evidence from Matched Employer-Employee Data [J]. Review of International Economics, 2010, 17 (1): 87 – 102.

[149] Los B, Timmer M P, Vries G J D. How Important are Exports for Job Growth in China? A Demand Side Analysis [J]. Journal of Comparative Economics, 2015, 43 (1): 19 – 32.

[150] Manova K, Yu Z. Firms and Credit Constraints along the Global Value Chain: Processing Trade in China [R]. NBER Working Papers, 18561 (2012).

[151] Manova K, Zhang Z. China's Exporters and Importers: Firms, Products and Trade Partners [R]. NBER Working Paper, (2009): 1 – 46.

[152] Mion G, Naticchioni P. Urbanization Externalities, Market Potential and Spatial Sorting of Skills and Firms [R]. CEPR Discussion Paper, 5172 (2005).

[153] Munch J R, Skasken J R. Human Capital and Wages in Exporting Firms [J]. Journal of International Economics, 2008, 75 (2): 363 – 372.

[154] Martins P S, Opromolla L D. Exports, Imports and Wages: Evi-

dence from Matched Firm-Worker-Product Panels [R]. IZA Discussion Papers, 4646 (2009).

[155] Melitz M J. The Impact of Trade on Intra-Industry Reallocations and Aggregate Industry Productivity [J]. Econometrica, 2003, 71 (6): 1695 – 1725.

[156] Mcdonald I M, Solow R. M. Wage Bargaining and Employment [J]. American Economic Review, 1981, 71 (5): 896 – 908.

[157] Manova K, Yu Z. Firms and Credit Constraints along the Global Value Chain: Processing Trade in China [J]. NBER Working Papers, 18561 (2012).

[158] Macis M, Schivardi F. Exports and Wages: Rent Sharing, Workforce Composition or Returns to Skills? [J]. Journal of Labor Economics, 2016, 34 (4): 945 – 978.

[159] Nickell S J. Biases in Dynamic Models with Fixed Effects [J]. Econometrica, 1981 (49): 1417 – 1426.

[160] Pär H, Nan L N. Exports as an Indicator on or Promoter of Successful Swedish Manufacturing Firms in the 1990s [J]. Review of World Economics, 2004, 140 (3): 415 – 445.

[161] Petrin A, Poi B P, Levinsohn J. Production Function Estimation in Stata Using Inputs to Control for Unobservables [J]. Stata Journal, 2004, 4 (2): 113 – 123.

[162] Roodman D. How to Do Xtabond2: An Introduction to "Difference" and "System" GMM in Stata [R]. Center for Global Development, Working Paper, 103 (2006): 1 – 51.

[163] Sasahara A. Explaining the Employment Effect of Exports: Value-added Content Matters [J]. Journal of the Japanese and International Economies, 2019, 52: 1 – 21.

[164] Shen L, Silva P. Value-added Exports and U. S. Local Labor Markets: Does China Really Matter? [J]. European Economic Review, 2018, 101: 479 – 504.

[165] Stephen Redding, Anthony J. Venables. Economic Geography and International Inequality [J]. Journal of International Economics, 2004, 62 (1): 53 – 82.

[166] Schank T, Schnabel C, Wagner J. Exporting Firms Do Not Pay Higher Wages, Ceteris Paribus. First Evidence from Linked Employer-Employee

Data [R]. Discussion Papers, 2004.

[167] Stolper W F, Samuelson P A. Protection and Real Wages [J]. Review of Economic Studies, 1941, 9 (1): 58 –73.

[168] Stole L A, Zwiebel J. Organizational Design and Technology Choice Under Intrafirm Bargaining [J]. American Economic Review, 1996, 86 (1): 195 –222.

[169] Stole L A, Zwiebel J. Intra-firm Bargaining under Non-binding Contracts [J]. Review of Economic Studies, 1996, 63 (3): 375 –410.

[170] Upward R, Wang Z, Zheng J. Weighing China's Export Basket: The Domestic Content and Technology Intensity of Chinese Exports [J]. Journal of Comparative Economics, 2013, 41 (2): 527 –543.

[171] Verhoogen E. Trade, Quality Upgrading and Wage Inequality in the Mexican Manufacturing Sector [J]. Quarterly Journal of Economics, 2008, 123: 489 –530.

[172] Wang Z, Powers W, Wei S J. Value Chains in East Asian Production Networks: An International Input-output Model Based Analysis [R]. Office of Economics Working Paper, 2009 –10 – C (2009).